N. TCHÉDRINE

BERLIN ET PARIS

VOYAGE SATIRIQUE A TRAVERS L'EUROPE

LA CONSCIENCE PERDUE

TRADUIT DU RUSSE
PAR MICHEL DELINES

PARIS
LOUIS WESTHAUSSER, ÉDITEUR
40, RUE DES SAINTS PÈRES, 40

1887

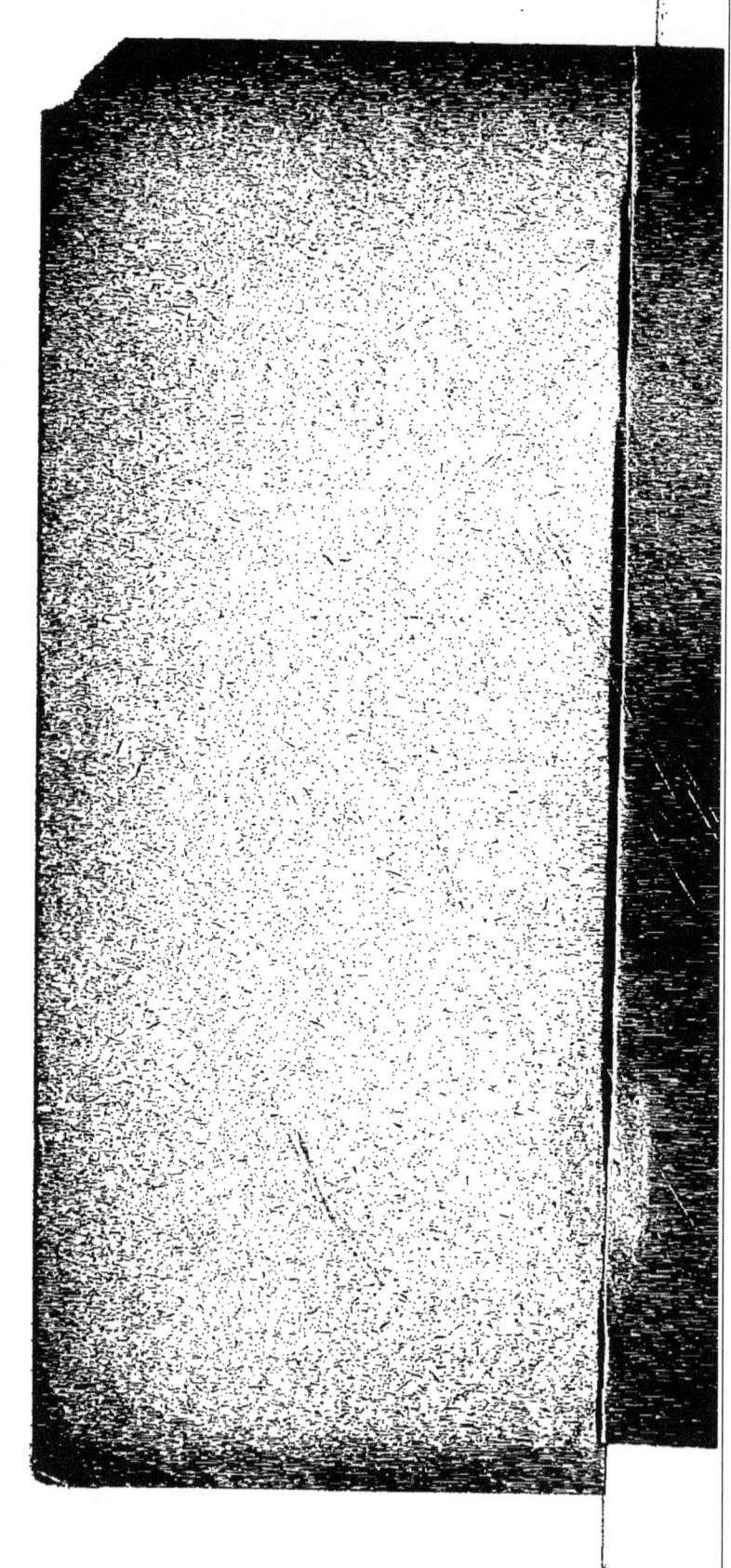

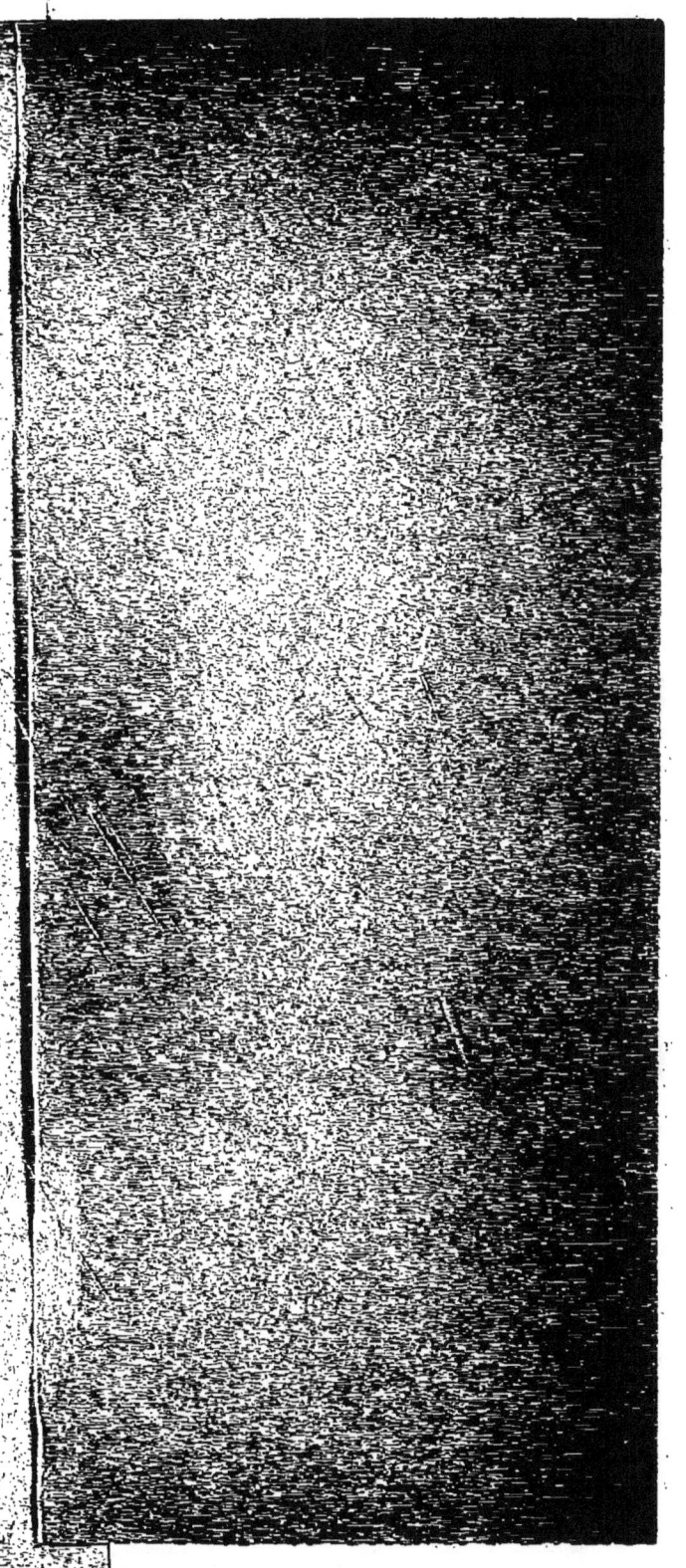

BERLIN ET PARIS

CHATEAUROUX. — TYP. ET STÉRÉOTYP A. MAJESTÉ

N. TCHÉDRINE

BERLIN ET PARIS

VOYAGE SATIRIQUE A TRAVERS L'EUROPE

LA CONSCIENCE PERDUE

TRADUIT DU RUSSE
PAR MICHEL DELINES

PARIS
LOUIS WESTHAUSSER, ÉDITEUR
40, RUE DES SAINTS-PÈRES, 40

1887

BERLIN ET PARIS

Quelques mots sur le culte de sa petite personne, en guise de préface

Il y a bien des moyens d'empoisonner l'existence d'un homme, mais le plus sûr de tous est d'obliger cet homme à se vouer corps et âme au culte de sa petite personne.

Celui qui prend ce parti doit étouffer radicalement toute tentative d'émancipation de son esprit ; il doit entrer tête baissée dans cette vie errante, vagabonde, sans but, qui sera son partage aussi longtemps qu'il se consacrera à la conservation de sa précieuse personne.

Pour mener à bien cette entreprise difficile, il ne suffit pas d'être libre de toute préoccupation, de n'avoir pas un procès pendant, en train de passer d'appel en cassation, non, il faut avoir brisé toutes les chaînes, même les plus légères, et s'être affranchi de toute obligation envers qui que ce soit.

En un mot, il faut avoir jeté par-dessus bord tout sentiment de responsabilité et être oisif avec conviction. Car, n'allez pas l'oublier, rien au monde ne doit distraire du culte de sa petite personne celui qui s'y est adonné. S'il s'oublie au point de s'abandonner à un moment de réflexion, s'il permet au moindre souvenir des affaires de venir le tracasser, c'en est fait de sa cure. Toutes ces choses, déclarent les médecins allemands, sont souverainement pernicieuses et contraires à la guérison, « *Nicht Kurgemaess,* » parce qu'elles empêchent le sang d'absorber victorieusement les sels et les alcalis des eaux médicinales.

Vous voyez que c'est grave, et qu'il y a peu d'hommes capables de se consacrer efficacement au culte de leur petite personne. Heureusement, il n'en est pas de même chez le beau sexe. On peut trouver des femmes qui se résignent facilement à l'oisiveté et même qui s'y livrent avec enthousiasme.

C'est pourquoi toute petite dame me semble prédestinée par le bon Dieu lui-même au culte de sa gracieuse personne. Et peut-il y avoir pour elle un devoir plus important, que celui d'entretenir l'harmonie de son buste et le poli de son petit cou blanc ?

Et voilà aussi pourquoi sans que l'état de ses

poumons ou de ses viscères l'y contraignent, la femme se plonge avec délices dans toutes les eaux, afin d'avoir un prétexte plausible pour s'habiller et se déshabiller au moins cinq fois par jour, et se décolleter tous les soirs.

Pour peu que le bon Dieu ait favorisé une petite dame d'un avantage quelconque, soit d'un pied mignon, d'un bras rond, de reins cambrés ou d'un fin profil qui mérite d'arrêter le regard d'un amateur, ne sait-elle pas que nulle part, comme à Ems ou à Vichy, elle ne trouvera l'occasion de mettre en relief, tout en buvant consciencieusement un verre d'eau trouble, cette petite partie privilégiée de sa personne?

Je connais même de vieilles femmes, démonétisées comme d'anciens assignats, qui affrontent bravement toutes les corvées d'une cure d'eaux, parce que c'est une occasion unique de voir tant de pantalons réunis et de raviver leurs sens qui s'assoupissent!

En un mot, les petites dames sont des êtres à part, auxquels il ne faut point assimiler notre sexe grossier, et qui ne peuvent entrer en ligne de compte dans le cas qui nous occupe.

On pourrait m'objecter qu'il y a des petits-maîtres qui valent les petites dames... mais ce sont des exceptions, dont nous n'avons pas à nous préoccuper.

Tout homme a une patrie, (à moins qu'il ne soit

un [1] *bonapartiste* ou un dignitaire russe en retraite, rêvant en présence de la Jungfrau à la vicissitude des faveurs impériales) et dans cette patrie il a des intérêts tout puissants qui font de lui un père, un citoyen, un homme. Il est très pénible de renoncer à ces trois choses et de se dire qu'on n'est plus ni père, ni citoyen, ni homme. Je suis même certain, que le souvenir de ce qu'on était doit distraire souvent du culte de la conservation de soi-même.

Pour obvier à cet inconvénient, quand mon médecin m'a dit de sacrifier tous mes devoirs d'homme sur l'autel de ma petite personne, il n'a pas manqué d'ajouter : — « Oublie qu'il existe une censure à Saint-Pétersbourg, prends tes aises et va t'engraisser...

Mais ce conseil est-il aussi facile à suivre qu'à donner ? J'en doute fort.

Il y a quelque temps, en passant à Berlin, je suis entré au jardin zoologique pour rendre visite au chimpanzé.

Si par hasard, ami lecteur, vous traversez la capitale de la Prusse, je vous engage à en faire autant.

Vous verrez là un pauvre être dévoré par la nostalgie au point, que le lait qu'on lui donne à profusion ne parvient pas à le consoler. Le malheureux captif, pelotonné sur un lit de paille, enveloppé

1. Voir plus loin le sens particulier que l'auteur donne à ce nom.

d'une chaude couverture, dort, les yeux fermés, d'un sommeil d'agonisant.

Au chevet du vieux chimpanzé veille un tout petit singe de la même espèce, né à Berlin il y a quelques mois. Le pauvre enfant se tient debout, les mains appuyées contre la grille, et en réalité ne détache pas les yeux du vieillard moribond.

A quels rêves ce vieux chimpanzé est-il en proie? — sans doute il est difficile de le deviner — mais à en juger par ses soupirs déchirants, des souvenirs doux et captivants doivent passer devant ses yeux.

Qui sait, peut-être dans sa longue existence a-t-il été dans ses forêts natales préfet ou ministre? Dans le premier cas il a dû passer son temps à prévenir les crimes et à mettre fin aux abus; dans le second il a dû recevoir des rapports sur les enquêtes criminelles. Sans doute ces rapports ne devaient pas briller par un excès de sagesse... mais quelle sagesse peut-on exiger des chimpanzés?

Et voilà maintenant qu'il se meurt, sans avoir pu comprendre pourquoi les hommes sont venus l'arracher aux intérêts si chers à son cœur de chimpanzé, pour l'enfermer dans une cage au milieu du jardin zoologique du roi des Prussiens! Il meurt avec le regret amer qu'on ne lui ait pas même donné le temps de prendre sa retraite. (Un beau matin sans cérémonie, on l'a saisi et enfermé dans une cage, et en avant! marche!)... Et voilà qu'il a laissé dans sa patrie trente mille ordres non exécutés, et quatre-vingt-dix mille perquisitions qui n'ont pas été menées à bonne fin ! Ce chiffre est proportionné au nombre de ses administrés.

J'ignore, cher lecteur, quel effet ce triste spectacle produira sur vous, mais je dois avouer que j'en ai été tout à fait navré.

Pour en revenir aux cures d'eaux, je trouve que les médecins, qui y condamnent leurs victimes, oublient que ces cures obligent leurs malheureux clients à une vie de bohême, à une vie de désordre, durant laquelle on n'a pas une minute de loisir pour vivre confortablement.

La cure d'eaux vous arrache violemment à votre atmosphère habituelle, pour vous transplanter sans transition dans un milieu étranger, où règnent d'autres mœurs, d'autres coutumes, un autre esprit et où l'on parle une langue qui n'est pas la vôtre.

Devant vos yeux ondoie continuellement une foule bigarrée ; à vos oreilles résonnent sans cesse des accents qui ne vous sont pas familiers, et au sein de cette diversité votre vie s'écoule avec une monotonie désespérante ballottée entre deux courants : — celui des visiteurs, qui mènent une fête éternelle, et celui des gens du pays, qui se démènent dans un va-et-vient sans fin de sommeliers. — Battu sans cesse entre ces deux courants vous finissez par perdre la notion du jour et de l'heure.

Cette oscillation régulière et perpétuelle agace, énerve et vous fait maudire, à toutes les heures du jour, chaque minute de votre villégiature.

Rien de plus démoralisant que de ne pouvoir ni se faire comprendre de ceux qui nous entourent, ni les comprendre eux-mêmes. Je ne fais pas allusion aux différences de langues, — c'est un obstacle qui n'existe pas pour les hommes cultivés — mais il est douloureux, presque intolérable d'avoir à dévorer en silence le chagrin qui ronge votre cœur, chagrin qui est né sur les rives de l'Ilovli [1] et qui a couru sur vos talons jusqu'au pied du Malberg [2].

Aux eaux votre chagrin vous est imputé comme un signe de mauvaise éducation, car il n'est ni poli, ni convenable de soupirer et de se lamenter au milieu de gens, à qui la tranquillité d'âme est prescrite comme nécessaire à leur rétablissement.

N'est-il pas évident que le bien que peuvent faire aux bronches les alcalis, qu'on avale et qu'on respire, est contrebalancé par l'influence désastreuse de cette vie anormale, qui ne permet pas d'avoir un seul instant l'illusion du chez soi.

Enfin, pour en revenir au culte de sa petite personne, je dirai qu'il implique un amour démesuré de la vie, et peut-être plus grand qu'elle ne le mérite.

1. Rivière insignifiante de la Russie.
2. Montagne dans les environs d'Ems.

Un proverbe russe dit : « Vis, mais sache aussi mourir; » remarquez bien qu'ici, comme dans tous les dictons populaires, on a en vue non pas l'oisif, mais le travailleur, celui qui a traîné le fardeau de la vie jusqu'à l'extinction de ses forces. Si ce travailleur lui-même doit savoir mourir, que dirons-nous de l'oisif, du bonapartiste, qui ne trouve dans son passé comme dans son avenir que la dissipation de l'esprit et du cœur.

Je vous assure qu'il faut être prêt à mourir. Songez-y donc! Des millions d'hommes sur cette terre s'usent au travail, sans jamais se demander dans quel état sont leurs poumons ou leurs reins, parce qu'ils ne savent qu'une chose, qu'il faut travailler pour vivre — et voilà que du sein de cet océan de damnés surgit une poignée d'hommes, qui décrète de sa propre initiative, qu'il est de la dernière importance que ses poumons et ses reins fonctionnent bien.

Ah! messieurs, messieurs!

Toutes ces réflexions je les avais déjà faites, et j'avais sur le bout de la langue des arguments irrésistibles, lorsque, le printemps dernier, les médecins débattirent entre eux cette question palpitante : par quels moyens pourraient-ils me faire atteindre l'âge de Mathusalem.

Chose étrange ! lorsque les hommes de la science me déclarèrent que je devais promettre d'oublier pendant trois mois entiers mon passé, mon présent, mon avenir, pour me vouer tout entier au soin de gagner, en me promenant, quelques livres de graisse,.. non seulement je ne fis pas la moindre objection, mais je parus même enchanté de cette perspective.

Je savais parfaitement que c'était comme si ces doctes personnages m'avaient dit, que pour regagner mes forces je devais d'abord dépenser tout ce qui m'en restait... mais je me suis tu.

Je voyais très bien que le souci de conserver ma chère petite personne, achèverait de ruiner ma constitution déjà délabrée, ce qui ne m'empêcha pas d'ajouter :

— Très bien ! amen ! J'irai où vous voudrez, même au fond de l'enfer, s'il le faut !...

Et comme je suis ami de la discipline, et que je crois fermement que les « ordres » qu'on me donne sont tous pour mon bien, j'ai pris le train et je suis parti pour l'étranger.

Puisque le mal est fait, et que le diable m'a conduit sur les rives de la nauséabonde Lana, je crois que j'ai maintenant le droit de communiquer mes impressions au cher lecteur.

Je préviens tout de suite que je n'écris ni pour les petites dames, ni pour les bonapartistes, mais pour ceux qui, toujours fidèles aux rives de La Lopan, de la Vorona et de la Khopra, s'escriment sans cesse sur le problème de l'acclimatation de la

1.

sauterelle, du scarabée du Colorado et de la mouche de la Hesse.

Que ma voix arrive jusqu'à leurs oreilles et leur annonce, que le souvenir des sauterelles qui dévorent les pâturages de mon pays natal, m'a poursuivi jusqu'ici, en face de la tour dans laquelle Charlemagne a muré sa fille. (Ici, toutes les tours ont la même légende: quelqu'un y a été torturé et tué — c'est pourquoi nous n'avons pas de tours en Russie.)

Et que cette voix leur déclare en même temps que, jusqu'au jour où l'homme aura trouvé le moyen de délivrer le sol natal des sauterelles et d'autres fléaux, nulle eau, nul soin de ma petite personne n'auront la puissance de me donner l'âge de Mathusalem.

Je dois même avouer que si l'absorption des alcalis, joints au lait d'ânesse, avait la vertu de me donner l'immortalité, cette perspective ne m'aurait pas séduit.

D'abord, parce que s'il me fallait consacrer mon immortalité au soin de veiller à ce que l'échange des matières, dans mon organisme, se produise d'une manière satisfaisante, ce serait monotone; ensuite, je suis trop consciencieux pour ne pas me demander ce que deviendraient les prêtres et les fabricants de cercueils, si nous, les hommes cultivés, nous devenions tous immortels?..

Enfin, encore un mot pour terminer mon introduction; le terme de *bonapartiste*, que le lecteur rencontrera souvent dans ces mémoires, ne doit pas être pris à la lettre. J'appelle *bonapartistes* tous ceux qui confondent le mot « patrie » avec la formule « Votre Excellence » et qui donnent même la préférence à cette dernière.

Les personnes de cette catégorie ne manquent nulle part, et en Russie on peut les ramasser à la pellée.

LIVRE PREMIER

EN ALLEMAGNE

CHAPITRE PREMIER

PREMIÈRES IMPRESSIONS

Enfin, un beau matin, vers onze heures, nous voilà dûment munis de nos passe-ports et libres de prendre la clé des champs. En route donc!... A la frontière prussienne, à Verjbolovo, première étape. Après avoir pris juste le temps de retourner nos poches et nos sacs, de nous palper délicatement et, après avoir consciencieusement enregistré, selon toutes les règles, le résultat de ces enquêtes, on daigne nous déposer « *Dans les bras de nos frères Prussiens, en visite* » comme dit une vieille chanson russe.

Hélas! nos frères Prussiens d'aujourd'hui ne savent plus ouvrir leurs bras, ils les croisent sur leur poitrine rebondie, comme il sied à des conquérants, qui reçoivent leurs tributaires.

Tout d'abord, ils commencent par s'assurer que nous n'avons ni la peste, ni le choléra, ni autre germe délétère...

A cet effet, le consul allemand nous a délivré à Saint-Pétersbourg, moyennant soixante-quinze copecks en sus de chaque passeport, un certificat de santé, plus une invitation gratuite à ne point prendre cette précaution en mauvaise part, tandis que tous les étrangers qui quittent la Russie ne se gênent point pour envoyer la chancellerie allemande à tous les diables.

Ces formalités terminées, notre frère Prussien s'attendrit tout à coup pour nous dire d'un ton affectueux : *Der kurs* 213 *pfennigs*.

Ce mot amical, le premier qui sorte de la bouche de notre cher frère Prussien, nous annonce que notre rouble est d'un marc plus bas que sa valeur nominale.

Après avoir retourné nos bagages avec tous les égards possibles, je dois le reconnaître, et avoir lu sur nos physionomies candides que nous nous engageons, sur nos consciences, avec crainte et tremblement, à dépenser tous nos marcs jusqu'au dernier pfennig au profit du *Vaterland* allemand, notre frère Prussien nous déclare solennellement dignes de fouler le sol de la patrie allemande!

Encore un fait à noter : de Saint-Pétersbourg à Verjbolovo — les Allemands l'ont déjà baptisé Wirballen — pas un de nous n'a cédé à la tentation de mettre le nez à la portière pour admirer le paysage ! Nous nous disions tous, que nous connaissions ce pays par cœur : — une plaine humide couverte d'un semblant de forêt, suivie d'une autre plaine non moins humide, avec encore un semblant de forêt. Et pour oublier les beautés de la terre natale chacun lui tournait le dos et cherchait à tuer le temps à sa façon.

Les uns sans redresser une seule fois l'échine *baccaraient* fiévreusement. D'autres grommelaient du matin au soir que les voyages à l'étranger sont bons pour les dindons, et qu'on ne les y reprendrait plus. N'étaient-ce pas leurs chères épouses qui avaient inventé ce genre de distraction, et qui, sous prétexte de rétablir leurs poumons et leurs reins matrimoniaux, aiguisaient leurs œillades en vue des *bonapartistes* de toute volée ? D'autres enfin répétaient sans se lasser ce refrain : « Je voudrais bien savoir de quel cours ce cher Berlin va nous gratifier ?

Quelques-uns se berçaient de ces réflexions agréables et consolantes :

— Il me semble qu'il doit monter : nous sommes bien sages maintenant... Nous n'avons plus rien sur notre conscience russe : ni Roumains, ni Grecs, ni Serbes, ni Bulgares... il serait bien temps que les Prussiens nous accueillent par un mot d'amitié.

— Eh ! petit père ! et les sauterelles ! vous oubliez les sauterelles, croyez-vous qu'on nous en sache gré? répondait un voisin.

Nous avions dans notre wagon deux vieillards qui posaient pour des hommes d'Etat. — Ils ne s'intéressaient pas plus au sol de la patrie que nous autres vulgaires mortels, évidemment la patrie n'était pour eux qu'un lieu où l'on reçoit un traitement fixe sur la liste de l'État. Ils semblaient ne rien souhaiter, ne rien regretter, et se dispenser même de réfléchir, absorbés l'un et l'autre dans une muette contemplation, regardant de très haut les autres voyageurs à qui ils semblaient dire:

— Nous, nous allons nous engraisser aux frais de l'État.

J'avais déjà entendu parler de ces vieillards à Saint-Pétersbourg, et les bruits qui couraient sur leur compte me faisaient envisager avec une certaine inquiétude leur escorte jusqu'à la frontière prussienne. Je m'attendais à les voir sortir d'un moment à l'autre leur permis de circulation, marqué au sceau de l'État, et nous dire :

— Allons, Messieurs, ouvrez-nous un peu votre cœur?

Et alors, adieu Ems, adieu Baden-Baden, adieu Interlaken, adieu Paris !...

L'un des vieillards était de petite taille, trapu, il se nommait Estrapade ; l'autre était long, maigre, sec, et s'allongeait et se repliait comme un serpent. Il s'appelait Boa.

Tous les deux étaient des conseillers-fouineurs.

L'un sorti de l'école du comte Mikhail Nicolaévitch était un criminaliste accompli; l'autre avait appris, à l'école du comte Alexis Andréevilch, à lire au fond des cœurs. Tous deux étaient d'excellents échantillons de la nouvelle aristocratie bureaucratique.

Le premier portait dans son écusson une main tenant une urne d'argent, sur champ rouge écarlate, et cette devise : « *ne renverse rien !* » le second avait sur champ d'argent une main tenant une urne d'or avec ces mots : « *sois propre !* »

Il est évident que ni l'un, ni l'autre ne sortait de la cuisse de Jupiter.

Pour tous deux le comble de l'ambition, dans leur jeunesse, consistait à devenir dans leur âge mûr chef de bureau; mais grâce à la férocité autorisée, qu'ils avaient déployée dans l'exécution d'ordres supérieurs, ils attirèrent l'attention de leurs chefs, trouvèrent grâce devant leurs yeux et montèrent en grade et en fonction.

Je dirai seulement, pour finir, que lorsque ces braves gens seront morts, ils auront l'un et l'autre pour monument deux pieux de tremble.

Est-il étonnant qu'en présence de ces rigides personnages, j'ai tremblé jusqu'au moment où je me suis senti en sécurité dans les bras des frères Prussiens ?

Et en effet, à peine sur le sol allemand notre

compartiment prit, comme par miracle, un tout autre aspect.

Ceux qui *baccaraient* lâchèrent les cartes russes, comme s'ils avaient honte pour le moment de continuer leur jeu dans un wagon allemand.

Les maris mécontents de leurs épouses s'apaisèrent subitement. Ceux qui comptaient sur la faveur des Berlinois, après avoir lu le tableau de la bourse : *der Kurs* 213, comprirent que décidément la sauterelle n'est pas une recommandation.

Quant aux vieillards je ne les reconnaissais plus. Dès qu'ils eurent franchi la frontière ils perdirent leur gravité et commencèrent à faire les yeux doux à tout le monde : au conducteur de train allemand, à une Française qui allait à Paris chercher des marchandises... et même à moi... Ils semblaient dire à chacun : « Cessez donc de dissimuler vos pensées, ne savez-vous pas que la liberté règne à Saint-Pétersbourg !... »

Puis, dès que nous nous sommes trouvés sur la ligne allemande — comme j'étais casé dans le même wagon-lit que les deux conseillers-fouineurs — je vis tous les voyageurs se pencher aux portières pour contempler la Prusse.

Le pays qui se déroulait devant nous, différait peu du littoral russe-finnois, que nous venions de parcourir.

Toujours une plaine basse, toujours des sables d'un jaune foncé alternant avec des tourbières ;

mais aussi plus trace de ces endroits couverts de monceaux de terre accumulée, plus de mousse, plus d'oseraies, plus de ces misérables bouleaux étiques, toujours solitaires et à moitié morts, que le vent courbe dans toutes les directions.

A droite et à gauche s'étendent des terres labourées, qu'on pourrait appeler, avec plus de justesse que celles de la Russie moyenne, des champs infinis. J'en ai vus dans la partie méridionale du gouvernement de Pensa qui se déroulaient ainsi sans fin. Au risque de froisser l'amour-propre patriotique de mes compatriotes, je dois avouer que ce littoral prussien, si maltraité de la nature, a plus le droit de revendiquer la richesse de ses blés que nos bienheureux pâturages, où, comme on ne cesse de le répéter, la terre noire atteint une profondeur de deux mètres.

Pourquoi en est-il ainsi ? je n'essaierai pas de l'expliquer, mais je dois constater, que je n'ai jamais aperçu dans nos palestines des blés aussi remarquables que ceux que j'ai admirés entre Verjbolowo et Kœnigsberg, et surtout, un peu plus loin, dans les environs d'Elbing.

Et nous qui étions persuadés que la terre prussienne était nue comme un ver ! Cette découverte nous impressionna si vivement qu'un de nos voyageurs s'écria :

— Vous verrez bientôt les Prussiens nous fourniront du blé !

Alors un autre touriste, piqué dans sa vanité nationale, répliqua avec humeur :

— Pour cela non, ce serait un peu raide !... Ainsi, frère-Saucisse, tu deviendrais notre maître ?...

Non seulement le Prussien a su transformer ses tourbières en champs de blés, mais encore ses vaches vivent comme dans un paradis au milieu de ces immenses prairies savoureuses. Mais si dans ce pays le sol et le climat sont les mêmes que chez nous, la vie y est tout autre..

Partout on a su enlever les monceaux de terre, creuser des fossés pour les eaux, et les maintenir parfaitement propres et sans oseraies ; partout on a ramassé la tourbe avec ordre en pyramides. Cette tourbe que l'on tasse sert d'engrais au frère prussien, et de plus il l'utilise pour se chauffer.

Nous avons rencontré également des forêts beaucoup plus fournies, que nous ne l'aurions pensé.

Je ne sais pourquoi tout le monde répète chez nous que « sans notre bois l'Allemand serait condamné à périr de froid ; » c'est une idée aussi erronée que celle, que nous nous faisons des blés, en Prusse. En réalité toutes les montagnes de l'Allemagne sont couvertes de magnifiques forêts, et même le littoral de la mer Baltique n'en est pas dépourvu.

Pendant que notre train volait à toute vapeur vers Kœnigsberg, devant nos yeux s'étalaient des champs bigarrés, des prairies, des forêts et des villages. La maison du paysan a également un tout autre aspect de ce côté de la frontière. Les maisonnettes aux murs blancs et aux toits de tuiles, que nous rencontrons, ont l'air bien plus gai, plus content de vivre, que les cages de bois enfumées aux toits de chaume ébouriffé, que nous avons vues jusqu'à Verjbolovo. Ici le cultivateur a une maison et non une *isba* comme celles, que nous avons l'habitude de voir dans nos villages...

Malgré ces éloges, je supplie le lecteur de ne pas s'imaginer que je considère les institutions prussiennes comme parfaites, et le Prussien comme le plus heureux des mortels.

Je comprends parfaitement que lors même que ces champs sont si bien labourés on ne s'occupe point ici de la répartition des richesses, mais simplement de leur accumulation ; je sais que ces champs, ces prairies, ces maisons aux murs blancs appartiennent à des Prussiens ventrus, qui ont à leur service des dizaines de *knechts* (journaliers), qui ne reçoivent qu'une très-minime part de toute cette richesse.

La situation des knechts est peu digne d'envie, je n'en doute pas... mais n'y a-t-il des knechts que de ce côté de la frontière ?

Et si en Prusse je rencontre M. Hecht, (brochet) n'ai-je pas vu au delà de Verjbolovo M. Kolonpaev (l'éplucheur) ? La seule différence c'est qu'en

Prusse, s'il n'existe pas de répartition des richesses, il y a au moins l'accumulation, tandis que de l'autre côté, il n'y a ni l'une ni l'autre.

Enfin je ne serais pas équitable, si de ce côté de la frontière, je ne reconnaissais pas encore cette supériorité importante : qu'ici l'homme a le droit d'être un homme.

Je veux bien admettre que ce droit s'affirme encore timidement, que M. Hecht fera tout son possible pour empêcher qu'il s'accuse davantage ; mais en attendant les *knechts* allemands s'en trouvent déjà mieux.

CHAPITRE II

MA PROFESSION DE FOI TELLE QUE JE L'AI EXPOSÉE
DEVANT LES CONSEILLERS-FOUINEURS

Comme je l'ai déjà dit je me trouvais dans le même wagon-lit que les conseillers-fouineurs. Les deux vieillards roucoulaient ensemble dans leur coin, tout en se disant à l'oreille des énormités. Tous les deux étaient mécontents ; l'un invoquait l'autorité du comte Mikhaïl Nicolaévitch, l'autre celle du comte Alexis Andréevitch, et enfin tous les deux se plaignaient tantôt des excès du pouvoir, tantôt de son abaissement. — Impossible de comprendre ce qu'ils voulaient au fond.

Mais ce qui m'affligea profondément, c'est que tous les deux cherchaient le salut... dans la constitution !!

— Il nous faut une constitution si parfaite, que l'Europe entière nous l'envie ! cria Boa dans un transport lyrique de libéralisme.

Estrapade s'empressa d'ajouter :

— Feu comte Mikhaïl Nicolaévitch a annoncé cette constitution il y a longtemps. Combien de fois ne l'ai-je pas entendu dire :

« Je veux leur administrer tout de suite une constitution ! »...

Après être tombés d'accord sur ce point, qu'il est tout à fait indispensable d'entreprendre quelque chose d'héroïque en Russie, les dignes vieillards, tout en lançant des regards furibonds dans la direction de leur patrie, soulevèrent la question palpitante de « la gratte. » On sait que la constitution et « la gratte » sont les deux points sensibles de la Russie contemporaine, mais tandis que la constitution est un terme vague que chacun interprète à sa manière, la question de « la gratte » est claire pour tout le monde.

Il en fut de même pour les conseillers-fouineurs ; dès qu'ils eurent entamé le sujet de « la gratte, » ils frétillèrent comme des poissons dans l'eau, et les anecdotes folâtres abondèrent de part et d'autre. Ils citèrent des exemples de malversations qui avaient admirablement réussi, avec des noms à l'appui, le chiffre des sommes détournées et indiquèrent même le meilleur moyen de s'y prendre adroitement, sans éveiller les soupçons. Ils parlaient naïvement, à cœur déboutonné. Cette conversation était si nouvelle pour moi, que j'en eus un frisson dans le dos. Et toujours revenait l'éternel refrain :

— Oui, il n'y a que la constitution pour mettre fin à tous ces abus !... Mais une constitution si admirable, que le ciel nous l'enviera !

Enfin, après avoir longuement parlé et s'être diverti entre eux, ils eurent la condescendance de vouloir bien m'associer à leurs propos licencieux.

— C'est ici qu'il faut venir pour voir des blés ! me dit Estrapade en clignant significativement de l'œil... Il me semble que chez nous, où tout est si bien réglé, les blés ne devraient pas être inférieurs... mais tiens... j'oubliais qu'ils ont inventé les sauterelles... Permettez-moi de vous demander quelle est votre pensée à ce sujet ?

Par bonheur, je me rappelai la fonction de ces deux bons vieillards, et je leur répondis fermement mais d'un ton respectueux :

— Ma pensée, Vos Excellences, c'est que les sauterelles et les charançons auraient beau dévorer tous les blés de la Russie, l'Allemand n'en crèvera pas moins de faim.

Estrapade me considéra d'un air perplexe, tandis que Boa, par la force de l'habitude, cherchait à lire au fond de mon cœur. Mais cette lecture ne lui était facile que dans l'espace compris entre le Grand-Océan et la frontière prussienne ; or, comme nous étions déjà en Allemagne, il ne put rien déchiffrer.

— Mais pourquoi voulez-vous que l'Allemand meure de faim? demanda-t-il surpris

— A vrai dire, je ne souhaite à personne une mort injuste; si j'ai émis l'idée que l'Allemand est destiné à périr, c'est que j'ai pensé que telle est la politique actuelle... Mais si Vos Excellences trouvent qu'il est bon que l'Allemand l'emporte, et que le Russe meure, je ne me reconnais pas le droit d'aller contre les désirs de mes supérieurs.

— Mais pourquoi? pourquoi?

— Parce que, Vos Excellences, d'abord je n'y connais rien. Il est peut-être nécessaire pour le bien de l'État que le Russe crève de faim ou tout au moins perde conscience de lui-même. Sans doute, si tous les Russes devaient périr, personnellement je ne trouverais pas cela réjouissant; puis je suis certain qu'il n'y aura pas une extermination générale de tous les Russes; Vos Excellences auront soin qu'il en reste au moins quelques-uns pour graine... Secondement, je sais que toute opposition aux autorités n'est pas vue de bon œil chez nous et, comme je ne suis plus jeune, j'avoue qu'il me serait fort désagréable d'entendre siffler à mes oreilles... *Whouit! Whouit!*

— Eh! dit Estrapade avec un sourire aimable, vous ne vous souciez pas de connaître de nouvelles sensations?

— Je me contente des anciennes, Votre Excellence !

Il y eut une pause... Mais Estrapade avait résolu de me faire parler. Il reprit avec vivacité :

— Mais par les temps qui courent, il n'y a rien d'étonnant à voir les gens s'égarer... Examinons de près ce qui se passe autour de nous. Où est l'autorité? Où voyez-vous, je vous en prie, l'autorité?... Il est très bon que la presse vienne de temps en temps nous émoustiller un peu...

— Et la sécurité personnelle? ajouta Boa, est-ce qu'elle existe chez nous? Aujourd'hui, vous êtes assis dans votre fauteuil et demain, tout là-bas, et *Whouit! Whouit! Whouit!*

Boa, désespéré de n'avoir pu lire encore au fond de mon cœur, me posa à brûle-pourpoint la question suivante, en braquant ses yeux sur moi :

— Eh bien ! et vous-même, quelle est votre idée sur la sécurité personnelle? Les journaux agitent beaucoup cette question maintenant...

— A ce sujet, je peux répondre à Vos Excellences qu'à mes yeux la question de la sécurité personnelle peut se résumer en ces mots : si je reste tranquille, ma sécurité est garantie ; mais si je commence à me démener, à faire l'entêté, certainement personne ne m'approuvera, et on fera bien de me prendre par l'oreille et de m'emmener... là-bas... Je n'aurai que ce que j'ai mérité.

— Et je n'aurai que ce que j'ai mérité ! répétèrent

machinalement, comme un écho, les conseillers-fouineurs.

— Je pense, continuai-je, que dans une société bien organisée chacun doit avoir sa place marquée... S'il est prescrit à l'un de recevoir les tributs, il doit les recevoir, et si un tel est désigné pour les payer, il faut qu'il les paie... voilà tout.

— Et voilà tout! répétèrent Estrapade et Boa ensemble, émerveillés de ma sagesse.

— Et si nous nous mettons en tête de nous regimber, de ne pas vouloir vivre conformément à l'ordre établi, — alors, au violon!

— Au violon! répétèrent les conseillers avec enthousiasme.

Mais ils regrettèrent aussitôt cette exclamation, se rappelant qu'une fois hors de la Russie il est ordonné et même recommandé de se montrer libéral; c'est pourquoi il reprirent aussitôt :

— Au violon? Mais avec jugement ou sans jugement?... demanda Estrapade tout saisi de la hardiesse de sa question.

— Avec jugement ou sans jugement, comme il plaira à Vos Excellences.,. Quant à moi, je pense que sans jugement c'est encore le mieux.

— Cependant! Ce-pen-dant!

— Je comprends; Vos Excellences se rappellent que dans ces derniers temps on a beaucoup insisté dans la presse russe pour qu'on envoie tout le monde en Sibérie après jugement... Mais moi, je n'y tiens pas du tout... Autrefois, je l'avoue, je pensais qu'après un jugement ce serait d'un meilleur exemple, mais je vois maintenant que sans jugement cela va très bien... Ainsi, au lieu de me faire traîner devant les tribunaux, en présence de juges, d'avocats et d'huissiers, ne serait-il pas plus simple de venir tout droit vers vous et de vous dire : « — Je suis coupable ! — » Vous me jugerez sur le champ ; si ma faute est vénielle, vous me remettrez sur la bonne voie par la douceur, et si vous reconnaissez que je suis criminel : — *Whouit* ! Selon l'adage : « Qui aime à se promener en traîneau, doit savoir le conduire »... Je n'aurai donc que ce que j'aurai mérité.

— Je n'aurai donc que ce que j'aurai mérité... répéta entre ses dents Estrapade, mais il se reprit aussitôt et continua : — Permettez, un instant..., si nous étions seuls en Europe... cela serait différent... mais même, sans cela, nous avons déjà honte de montrer notre nez à l'étranger... Il faut sauver les apparences.

— Oh ! pour sauver les apparences, on peut instituer des lois et faire comme si elles n'existaient pas.

— Voilà qui est excellent !

— Je dis ces choses à Vos Excellences, pour parler selon ma conscience, comme il convient quand on s'adresse à ses supérieurs...

Malgré cet aveu si flatteur pour eux, les conseillers-fouineurs se regardèrent en hochant la tête avec méfiance...

— Écoutez cependant! dit Boa, que pensez-vous de toutes ces dilapidations?.. faut-il aussi pardonner...

Il n'acheva pas sa phrase, l'émotion le suffoquait, une larme de cupidité brilla dans ses yeux.

Je compris qu'il avait été oublié dans le partage du gâteau.

— Non, je n'approuve pas les malversations, répondis-je d'un ton ferme, mais il m'est impossible de ne pas admettre que chaque homme peut avoir envie de goûter aussi les douceurs de l'existence.

Boa approuva cette réponse par un claquement de langue significatif et se tut.

Estrapade reprit :

— Vous ferez bien, de publier notre conversation, et de la rendre dans les mêmes termes... Je crois que les autorités n'auront rien à y reprendre.

— Votre Excellence, il n'est jamais défendu en Russie de louer les institutions... Ah! si quelqu'un s'avisait d'exprimer un sentiment de blâme... il n'aurait que ce qu'il mérite.

— Il n'aurait que ce qu'il mérite! répéta Estrapade.

— Alors vous trouvez que nous avons la liberté de la presse? demanda de but en blanc Boa, avec l'intention de m'embarrasser.

— Nous avons toutes les libertés, Votre Excellence, seulement la plupart d'entre nous l'ignorent... Je sais bien qu'il y a chez nous des gens qui prétendent qu'en Russie la liberté de la presse n'existe pas, mais moi, je ne suis pas du nombre...

— Oui !... Oui ! et que faut-il de plus ?... Nous avons des lois... la liberté de la presse... l'autonomie des communes... et malgré tous ces privilèges que de mécontents !

— Eh bien ! moi, Votre Excellence ! je suis content de la tête aux pieds...

— Eh bien ! et le *self-government* des provinces, par exemple... Direz-vous que nous ne l'avons pas ?

— Votre Excellence, je suis le dernier à le contester !

— Et vous croyez que nos libertés se développent ?

— Sans nul doute, Votre Excellence, elles se développent. Je pense même que nous vivons dans un temps très intéressant, il me semble qu'il n'y a jamais eu en aucun pays une époque aussi palpitante d'intérêt...

— Dieu soit avec nous ! Dieu soit avec nous ! dirent les conseillers-fouineurs en se signant, et leurs lèvres minces et décolorées répétèrent encore plusieurs fois : Dieu soit loué ! Dieu soit avec nous !

— Mais, dit tout à coup Estrapade en se ranimant, comment expliquez-vous ce fait ; l'Allemand sait faire sortir du sable de riches moissons, et nous qui avons de la terre noire, il nous manque toujours quelque chose pour que les blés viennent à bien ; tantôt il y a trop de pluie, tantôt pas assez... Et en dépit des processions religieuses le pain fait défaut.

— Je me l'explique, Vos Excellences, par le fait que nous avons trop de libertés... Il me semble qui l'on se nous en octroie encore quelques unes, le blé ne viendra plus du tout, du tout.

Dixi et animam levavi, ce qui veut dire en traduction libre, j'ai dit, et j'ai eu tout à coup mal au cœur.

Après cette profession de foi il fallait tirer l'échelle... Je ne fus pas fâché de voir le conducteur du train passer la tête à la portière pour nous annoncer une demi-heure d'arrêt, et nous dire d'en profiter pour dîner.

CHAPITRE III

UN SONGE

Entre Bromberg et Berlin je m'endormis et j'eus un songe étrange.

Je me trouvai tout à coup transporté dans un simple village allemand, où je rencontrai un petit paysan âgé de sept à huit ans... O surprise !... il portait des culottes !

Je n'avais jamais rien vu de pareil. J'ai pourtant parcouru beaucoup de villages en Russie, vu des centaines de petits moujicks, et tous, sans exception, étaient sans culottes, et le vent soulevait le bas de leur chemise bariolée... Ils couraient pieds-nus dans la boue, la chemise retroussée, puis après s'être assis au beau milieu d'une large flaque d'eau, ils jouaient avec des cailloux...

Et voilà que dans le village allemand je ne vois plus trace de boue, ni la moindre flaque d'eau traditionnelle — rien qui puisse rappeler un village russe — les gamins eux-mêmes ont des culottes.

Cette particularité me frappa si vivement, que j'appelai l'enfant allemand et j'eus avec lui la conversation suivante :

— Dis-moi, mon garçon, est-ce que tu portes des culottes tous les jours?

— Lorsque j'ai eu la force de traverser pour la première fois la chambre tout seul, ma bonne mère a dit à mon honorable père : — Ne trouves-tu pas, mon cher Karl, qu'à partir d'aujourd'hui notre Fritz est digne de porter un pantalon ? — Depuis ce jour je ne quitte ce vêtement que la nuit.

Le bambin allemand me débita cette tirade avec le plus grand sérieux et sans avoir l'air de se glorifier, ni de vouloir se moquer de ma singulière question. Évidemment il comprenait qu'il parlait à un étranger, à qui il est permis d'ignorer les coutumes allemandes.

A propos, ce nom d'étranger sonne très drôlement à mes oreilles quand il s'applique à un voyageur russe ; j'ai eu beaucoup de peine à m'habituer à l'idée que moi aussi je pouvais devenir à mon tour un étranger.

— Il est étonnant ! répondis-je à l'enfant, que tu n'aies pas peur de salir ton pantalon dans la boue ?

Tu gardes les culottes pour t'asseoir dans les mares d'eau ?

— Votre question me surprend beaucoup, *Mein Herr*, répondit modestement le petit Allemand ; Pourquoi irais-je me fourrer dans la boue ou dans une flaque, quand j'ai à ma disposition pour me promener et m'amuser des endroits propres et commodes ? Et surtout comment pourrais-je faire une chose qui chagrinerait mes parents ?...

— Parfait !... Mais sais-tu, gamin allemand, qu'il existe un pays où non seulement les enfants sont sans culottes, mais où leur père lui-même court quelquefois dans la rue le..... tout nu ?

— Je n'ai pas encore appris la géographie et je ne peux pas assurer qu'un tel pays n'existe pas... Mais si vous plaisantez, *Mein Herr*, c'est bien mal à vous.

— Je ne plaisante pas le moins du monde, et si tu le veux je puis te présenter sur le champ un enfant de ce pays.

— *Mein Herr* ! Vous avez éveillé ma curiosité au plus haut point ! A vrai dire, monsieur, je ne devrais pas accepter votre proposition sans avoir demandé la permission de mes bons parents, mais comme ils sont aux champs, et que je sais qu'ils compatissent toujours aux souffrances des nécessiteux, j'espère qu'ils ne trouveront pas mauvais que je fasse la connaissance de l'enfant sans culottes. Vous pouvez donc inviter mon camarade russe, je suis à son service.

Alors je donnai un coup de ma baguette magique : — Il ne faut pas oublier que tout ceci se passe dans un songe où tous les enchantements sont permis. — Aussitôt je vis accourir, comme si le vent l'eût porté, un petit moujick vêtu d'une longue chemise dont le bas était mouillé, et le col sali par des miettes de pain fait de balle d'avoine.

Les deux gamins me donnèrent une représentation que je transcris pour le lecteur.

L'ENFANT EN CULOTTES
ET
L'ENFANT SANS CULOTTES

Dialogue

(*Cette pièce est recommandée pour les spectacles d'enfants*)

La scène représente une rue d'un village allemand. L'Enfant en culottes est debout sous un arbre et réfléchit à la meilleure manière de se conduire pour ne pas faire de la peine à ses bons parents. Au milieu de la rue se forme la flaque d'eau traditionnelle en Russie, de laquelle surgit l'enfant sans culottes.

L'ENFANT EN CULOTTES

(*Il est confus, il rougit et dit à part*).

Hélas ! Le *Mein Herr* étranger avait raison, cet

enfant n'a pas de culottes. (*à haute voix*) Bonjour, enfant sans culottes.

L'ENFANT SANS CULOTTES (*le singeant*)

Bonjour ! Bonjour ! Laisse-moi d'abord m'orienter... Que c'est propre ici, que c'est propre !... On ne sait pas même où cracher... Et toi, es-tu de ce pays ?

L'ENFANT EN CULOTTES.

Oui, je suis un enfant de ce village... Et vous ? vous êtes un enfant russe ?

L'ENFANT SANS CULOTTES

Non, je ne suis qu'un petit moujick... un gouspin.

L'ENFANT EN CULOTTES

(*Il s'efforce de comprendre, mais ne peut y parvenir.*)

L'ENFANT SANS CULOTTES

Tu ne comprends pas, saucisse allemande ? C'est trop fort pour entrer dans ta tête carrée ?

L'ENFANT EN CULOTTES

Je dois avouer, enfant russe, qu'à première vue beaucoup de choses en vous m'étonnent énormément... Il est vrai qu'il n'y a pas longtemps que je vais à l'école, et, sans doute, je ne suis pas encore initié à tous les résultats de la science moderne, mais je ne peux vous dissimuler que votre apparence, votre singulière entrée en sautant du milieu d'une flaque d'eau, votre manière de parler, tout cela m'a jeté dans une très grande perplexité. Ni mes bons parents, ni mes honorables maîtres ne m'ont jamais parlé de rien de semblable... Enfin, permettez-moi, enfant russe, de vous demander, si ce n'est pas indiscret, pourquoi vous êtes sans culottes?

L'ENFANT SANS CULOTTES

Avec plaisir, Allemand, je te le dirai... Mais explique-moi d'abord pourquoi tu parles d'une manière si assommante?

L'ENFANT EN CULOTTES

Vous trouvez ma façon de parler ennuyeuse?

L'ENFANT SANS CULOTTES

Plus qu'ennuyeuse!... tu pérores sans fin, tu craches en parlant... Il y a de quoi aller se pendre rien que de t'entendre.

L'ENFANT EN CULOTTES

Mais je parle comme mes bons parents, et quand ils causent, j'ai beaucoup de plaisir à les écouter, et lorsque je leur parle, ils ont aussi du plaisir à m'entendre... Pas plus tard que l'autre jour, ma vénérée mère m'a dit: — Fritz, tes paroles réjouissent mon cœur!

L'ENFANT SANS CULOTTES

Eh bien, chez nous, à un bonnet de nuit comme

toi on attacherait une pierre au cou, et à l'eau !..
Nous avons un ukase qui ordonne à tout le monde
d'être gai.

L'ENFANT EN CULOTTES (*effrayé*)

Permettez, enfant russe, admettons que je sois
ennuyeux... le grand crime !... et, je vous le demande, est-il juste pour cela de me punir de
mort ?

L'ENFANT SANS CULOTTES

Juste ! Tu t'inquiètes de ce qui est juste ! Chez
nous on ne s'embarrasse pas de la justice, chaque
mot, chaque geste sont réglés d'avance.

L'ENFANT EN CULOTTES

(*Il cherche à saisir le sens de ces paroles, sans y
réussir.*)

L'ENFANT SANS CULOTTES

Cela veut dire, l'Allemand, que chez nous tu
dois t'asseoir, te lever, réfléchir et parler, tout
faire, enfin, selon le règlement... Chez nous un
bouton n'a pas le droit de sortir sans avoir dé-
mangé d'abord... Et tous les règlements sont
accompagnés d'un décret qui menace du knout ou
du violon quiconque ne les observe pas. Moi, par
exemple, je suis sans culottes parce que c'est con-
forme au règlement... Et toi, te trouves-tu bien
dans tes culottes ?

L'ENFANT EN CULOTTES

Très bien ! Et si l'idée venait à mes bons parents de me retirer ce vêtement, je comprendrais tout de suite que ce ne peut être qu'un juste châtiment de ma mauvaise conduite, et je ferais mon possible pour regagner leurs bonnes grâces.

L'ENFANT SANS CULOTTES

Tu es un morveux ! Voilà tout ce que j'ai à te dire.

L'ENFANT EN CULOTTES

Comment ? que signifie ?

L'ENFANT SANS CULOTTES

Qu'as-tu besoin de rabâcher sans cesse : « mes bons parents, » « ma vénérée mère, » « mon excellent père »... Apprends, saucisse allemande, que, il n'y a pas longtemps, l'oncle Kouzmia a troqué, son père contre un mâtin... Voilà comme ça se passe chez-nous.

L'ENFANT EN CULOTTES (*reculant d'horreur*)

Oh ! non ! c'est impossible.

L'ENFANT SANS CULOTTES (*s'apercevant qu'il est allé trop loin*).

Tranquillise-toi, je plaisantais... ce n'est qu'un vieil adage... Tu m'y as fait penser.

L'ENFANT EN CULOTTES

Comment pouvez-vous avoir de pareils adages... Que c'est regrettable !... Et comment se fait-il qu'on les répète devant des enfants ? (*Il pleure*).

L'ENFANT SANS CULOTTES

Bon, l'Allemand a lâché les cataractes !. Voyons, c'est assez pleurnicher.... Maintenant, dis-moi pourquoi avez-vous du si bon blé ?...

L'ENFANT EN CULOTTES

Mais, je pense, parce que rien ne nous empêche d'être laborieux. Nous n'avons personne pour nous gourmander, ni pour nous faire perdre notre temps à des travaux inutiles. Jadis dans notre beau *Vaterland* on vivait aussi sous une continuelle surveillance, le paysan était mené tambour battant, et sans cesse tracassé et abreuvé d'injures. Les gros mots tombaient drus comme grêle, et le pauvre peuple allemand courbait l'échine et perdait la tête. La terre mal labourée rendait peu ; les paysans vivaient comme des sauvages dans des cabanes obscures et puantes, et les enfants n'avaient pas non plus de culottes... Heureusement pour nous, ces temps sont passés... Aujourd'hui, personne ne nous empêche de travailler à notre gré, pour notre profit et pour la prospérité publique ; nous ne sommes plus pressurés, nous pouvons donner à la terre tous nos soins et tout notre temps, et elle nous rend au centuple ce que nous faisons pour elle... Eh bien, enfant russe, j'aime mieux être ennuyeux et libre, que d'être insouciant comme toi, en vivant éternellement sous l'œil d'un maître.

L'ENFANT SANS CULOTTES (*ému*)

Tu as raison, l'Allemand ! Il n'est pas agréable de se sentir sous la férule !... Mais laissons ce sujet et parlons de vos blés. Pourquoi viennent-ils si bien, quand les sauterelles ont tout mangé chez nous ?

L'ENFANT EN CULOTTES

Oui, je sais que vous avez eu de grands malheurs et je sympathise avec vous. Notre bon maître d'école nous a dit qu'un état ami souffrait de la famine et il vous a beaucoup plaints : « Écoutez, mes enfants, nous a-t-il dit, vous devez tous sympathiser avec la Russie, non seulement parce que la moitié de ses fonctionnaires et tous ses pharmaciens sont allemands, mais parce qu'elle remplit courageusement sa mission historique. Au moyen âge elle a sauvé l'Europe de l'invasion des Tartares en subissant leur joug, aujourd'hui, en se laissant dévorer, par les sauterelles, elle rend à toute l'Europe un service inappréciable.

L'ENFANT SANS CULOTTES

Tu fais toujours des tartines, l'Allemand !... Dis

moi plutôt s'il est vrai que dans l'empire de votre tzar, il se trouve des provinces où les pommiers et les cerisiers croissent au bord des grandes routes, et où les passants ne touchent pas aux fruits ?

L'ENFANT EN CULOTTES

Ici près de Bromberg on n'en trouve pas, mais ma bonne mère, qui est des environs de Würtzbourg, m'a raconté que là bas toutes les routes sont bordées d'arbres fruitiers. Et lorsque notre bon vieil Empereur a reçu ces provinces en récompense de sa sagesse et de sa bravoure, son cœur de patriote allemand s'est réjoui à la pensée, que les châtaignes badoises et bavaroises seraient désormais mangées par les fidèles sujets de sa chère et loyale Prusse !

L'ENFANT SANS CULOTTES

Mais, dis-moi, est-ce possible : les fruits pendent sur la route et personne n'en cueille ? pas même une petite pomme ?

L'ENFANT EN CULOTTES (*étonné*)

Mais qui peut s'arroger le droit de prendre un fruit qui ne lui appartient pas ?

L'ENFANT SANS CULOTTES

Eh bien, l'Allemand, chez nous cela ne se passerait pas comme ça : non seulement on mangerait toutes les pommes, mais on casserait toutes les branches... Il n'y a pas longtemps l'oncle

Safrou a passé près d'une cruche pleine de pétrole et il l'a vidée d'un trait...

L'ENFANT EN CULOTTES

Sans doute il l'a fait par mégarde?

L'ENFANT SANS CULOTTES.

Point du tout... il cherchait une boisson pour se dessoûler et n'ayant plus un copeck... il a trouvé du pétrole sous sa main, et l'a bu...

L'ENFANT EN CULOTTES

Il en a été malade, je pense?

L'ENFANT SANS CULOTTES

Je crois bien, surtout le lendemain, lorsque devant tout le village assemblé on lui a caressé les épaules... On serait malade à moins...

L'ENFANT EN CULOTTES

Comment? que voulez-vous dire? Est-ce que chez vous?...

L'ENFANT SANS CULOTTES

Ah! tu as cru qu'on lui caressait les joues?

L'ENFANT EN CULOTTES

(*Il a peur et veut s'enfuir, mais l'enfant sans culottes le retient de force.*)

L'ENFANT SANS CULOTTES

De quoi as-tu peur? Pourquoi te sauves-tu? Tu n'as rien à craindre... Ces caresses sont réservées à nous, les moujicks... toi, tu es un étranger, tu ne risques rien... (*après une pause*)... Et toi, tu n'es pas un moujick, qu'es-tu?

L'ENFANT EN CULOTTES

Je suis un *bauer*.

L'ENFANT SANS CULOTTES

Qu'est-ce que c'est que ça?.... Un moujick?

L'ENFANT EN CULOTTES

Non, pas un moujick, mais un cultivateur.

L'ENFANT SANS CULOTTES

Eh bien, oui, un moujick.

L'ENFANT EN CULOTTES

Non, je dis un cultivateur... les Russes sont des moujicks, et nous, Allemands, nous sommes des cultivateurs.

L'ENFANT SANS CULOTTES

Eh bien, tiens, voilà pour toi!... (*Il lui fait la nique*).

L'ENFANT EN CULOTTES

Ah! vraiment, enfant russe, quelles mauvaises manières vous avez... Je ne comprends pas quelle éducation vous recevez... Je parie que vous ne savez pas ce que c'est que Dieu!

L'ENFANT SANS CULOTTES

Dieu sait ce qu'il est!... Chez nous, dans mon

village, on a établi une fête à l'église en l'honneur de la *Mère Assomption*, nous la célébrons toutes les années en son temps.

L'ENFANT EN CULOTTES

(*Il cherche vainement à comprendre ce que l'enfant russe veut dire.*)

L'ENFANT SANS CULOTTES

Ça n'entre pas non plus dans ta caboche de choucroute ! D'ailleurs, je t'avoue que je ne suis pas fort non plus sur ce chapitre ; je sais qu'il y a une fête religieuse parce que ce jour-là on me met des culottes, mais est-ce le bon Dieu ou les autorités qui l'ont établie, je n'en sais rien... et je ne suis pas curieux de l'apprendre... Mais dis-moi encore, est-il vrai que les autorités ne disent jamais des injures à vos moujicks ?

L'ENFANT EN CULOTTES

Mon cher père m'a raconté que son bon grand-père lui a dit qu'autrefois les autorités disaient toute sorte d'injures. Aussi les Allemands de ce temps-là étaient très grossiers et employaient entre eux toute espèce de vilains mots, mais il y a de cela si longtemps, si longtemps, que même les vieux ne s'en souviennent plus.

L'ENFANT SANS CULOTTES

Eh bien, chez nous les nourrissons s'en souviendront !... Il n'y a que celui dont on n'a pas coupé le filet qui n'insulte pas... Nous commençons à nous en lasser!... Le chef de police du district nous vilipende,... le commissaire de police rurale nous vomit des injures,... l'arbitre de la paix nous engueule,... le syndic de la commune nous écharpe du bec,... le staroste nous crache au visage... Enfin, tout dernièrement, comme si ce n'était pas assez de nous chanter pouilles du matin au soir on nous a envoyé encore des *ouriadniks* (*agents de police désignés pour surveiller les nihilistes*).

L'ENFANT EN CULOTTES

Mais alors c'est chez vous une véritable épidémie d'injures !

L'ENFANT SANS CULOTTES

Eh ! saucisse allemande !... Une épidémie, non pas !... C'est un règlement, te dis-je... Il y a quelques jours le syndic est venu dans notre village, et dès qu'il a vu l'oncle Onésime, il s'est accroché à sa barbe, et il y est resté suspendu.

L'ENFANT EN CULOTTES

Ah ! mon Dieu !

L'ENFANT SANS CULOTTES

Je te dis que nous commençons à en avoir assez... la coupe déborde... il faut que cela finisse... Mais que peut-on y faire ? Le moujick qui s'avise de payer de la même monnaie l'agent qui le malmène est condamné, et l'agent sort blanc comme neige. Un jeune homme de mon village s'est permis de répondre... on lui a labouré le dos pour lui apprendre... le soir même il s'est pendu !...

L'ENFANT EN CULOTTES

Oh ! que je vous plains ! Que je vous plains !

L'ENFANT SANS CULOTTES

A quoi bon nous plaindre, lorsque nous ne nous plaignons pas nous-mêmes ? Puisque nous l'acceptons, il paraît que c'est le régime qu'il nous faut.

L'ENFANT EN CULOTTES

Oh ! ne dites pas cela, mon ami ! Il peut arriver qu'on nous maltraite et que nous soyons obligés de courber la tête sous les coups du sort... Notre maître d'école appelle cela l'héritage du passé... Je crains qu'il n'y ait qu'un moyen de faire cesser cet état de choses; il faut que les autorités elles-mêmes se civilisent et qu'elles aient honte de tenir un pareil langage ; alors elles décréteront que tout magistrat qui se permettra de dire des injures sera puni selon la loi !... Et tout ira pour le mieux.

L'ENFANT SANS CULOTTES

Ah ! compte là-dessus ! C'est ce que nous appelons chez nous « la révolution d'en haut ».

L'ENFANT EN CULOTTES

Et nous, Allemands, nous appelons cela : la justice ! Mais où avez-vous pris cette expression « la révolution d'en haut ».

L'ENFANT SANS CULOTTES

De la bouche de notre ancien seigneur, il l'emploie souvent... Quand l'assemblée du village a condamné quelqu'un à recevoir les verges, le seigneur vient sur le balcon et écoute... *Whouit !*... *Whouit !*... *Whouit !*... puis il dit : « c'est la révolution d'en haut qui commence »... Notre seigneur a déjà mangé tout l'argent que nous lui avons payé pour notre affranchissement... et comme il n'a rien à faire... il se promène dans ses appartements et il aime à plaisanter...

L'ENFANT EN CULOTTES

Mais comment fait-il pour vivre puisqu'il n'a pas de rentes ? Est-ce qu'il travaille ?

L'ENFANT SANS CULOTTES

Fi donc ! chez nous les nobles ne travaillent pas... Un noble doit vivre sans souci... sans préoccupation... se chauffer au soleil si cela lui fait plaisir ou se battre les flancs... en un mot laisser couler ses jours... Si la fantaisie lui prend de travailler c'est qu'il a une arrière-pensée... il sort de son état normal, et il y a sans contredit quelquechose de subversif là-dessous.

L'ENFANT EN CULOTTES

Mais quel drôle de peuple que le vôtre... Comment, chez vous on trouve plus utile de se battre les flancs que de travailler?... C'est tout à fait surprenant!...

L'ENFANT SANS CULOTTES

Oui! saucisse allemande! et sais-tu encore?... on dit chez nous que tu as inventé le singe, et moi, je vois que nous sommes beaucoup plus ingénieux que toi.

L'ENFANT EN CULOTTES

C'est ce que nous allons voir!

L'ENFANT SANS CULOTTES

Je vais t'en donner la preuve à l'instant même... Est-il vrai que tu as créé un assignat contre lequel tout le monde te donnera, quand tu voudras, de la bonne monnaie qui sonne?

L'ENFANT EN CULOTTES

Naturellement, on me donnera de l'or, de l'argent... et qu'est-ce qui t'étonne?

L'ENFANT SANS CULOTTES

Eh bien, moi j'ai inventé le rouble; présente-le dans toutes les banques, en échange, tu recevras... des prunes!... Tu vois, lequel est le plus malin de nous deux?... As-tu saisi?

L'ENFANT EN CULOTTES

(*Il s'efforce de comprendre mais vainement.*)

L'ENFANT SANS CULOTTES

Ne te creuse pas la cervelle... tu te casserais la tête pour rien !...

(*Les deux enfants restent quelques minutes silencieux, tous les deux absorbés dans leurs réflexions.*)

L'ENFANT EN CULOTTES

Eh bien, enfant russe, voici ce que je vous propose : restez avec nous ! *Mein Herr* Hecht (brochet) vous prendra volontiers à son service... Chez vous, vous êtes mal nourri et mal logé, ici vous aurez un lit de feutre, et pour votre dîner, tous les jours, des pois et du lard...

L'ENFANT SANS CULOTTES

Ce n'est pas mal, j'en conviens... Mais dis-moi, Prussien, est-il vrai que tu as vendu ton âme pour un sou ?

L'ENFANT EN CULOTTES

Vous faites allusion à *Mein Herr* Hecht... Mais mes bons parents ont chez lui des gages fixes.

L'ENFANT SANS CULOTTES

C'est comme je disais, tu as vendu ton âme pour un sou.

L'ENFANT EN CULOTTES

Permettez, on dit chez nous quelque chose de

plus surprenant, c'est que vous avez donné votre âme pour rien?

L'ENFANT SANS CULOTTES

Ah! tu penses à M. Koloupaev (éplucheur) Ça, Prussien... c'est une chose à voir, nous commençons à en avoir assez de M. Ko-lou-paev...

L'ENFANT EN CULOTTES (*gravement*)

Que vous en ayez assez ou non, c'est votre affaire... Mais je voudrais vous faire remarquer qu'il en est toujours ainsi, lorsque dans les contrats on oublie de mettre les points sur les i... Jamais il n'y a de malentendus entre mes parents et *Mein Herr* Hecht... et sais-tu pourquoi?... Parce que dans leur contrat il est dit catégoriquement: *Mein Herr* doit donner un sou et mes parents leur âme... Tandis que vous Russes, vous comptez toujours sur un « *na wodki* » (pourboire) et lorsque, pour tout boniment, vous recevez du flic-flac dans le dos, vous criez qu'on vous a volés et que vous en avez assez...

L'ENFANT SANS CULOTTES

N'aie pas peur, saucisse allemande, nous lui règlerons son compte un beau matin à M. Koloupaev.

L'ENFANT EN CULOTTES

C'est lui qui réglera le vôtre... Croyez-moi, venez vivre au milieu de nous, et au bout d'un mois vous serez tout étonné d'avoir pu supporter votre ancienne existence.

L'ENFANT SANS CULOTTES (*avec conviction*)

Tu mens !... Je te vois venir, tu crois me séduire avec ton lard et tes pois ?... Il est vrai, chez nous, nous manquons de tout, mais il nous reste la gaieté...

L'ENFANT EN CULOTTES

De quoi pouvez-vous vous réjouir quand vous manquez de tout ?

L'ENFANT SANS CULOTTES

Mais c'est précisément ce qui est amusant... Tu sèmes du blé et tu recueilles de l'arroche... aujourd'hui de l'arroche, demain encore de l'arroche... puis viennent les sauterelles... Un beau jour on vient te demander de payer ta redevance au seigneur pour ton affranchissement... Eh bien ! tête carrée, sauras-tu te débrouiller ?

L'ENFANT EN CULOTTES

Il cherche une réponse et n'en trouve pas... enfin, il s'écrie : Je vois que vous ne pourrez jamais vous tirer d'affaire sans le secours de l'Allemand.

L'ENFANT SANS CULOTTES (*exaspéré*)

(*Il laisse échapper le mot de Cambronne.*)

L'ENFANT EN CULOTTES

Quel vilain mot ! Moi je vous donne de bons

conseils et vous ne cessez de me dire des injures...
et vous appelez cela une réponse. Nous, Allemands, nous avons une ancienne civilisation, notre science est solide, notre littérature brillante, nous avons des institutions libérales et vous avez l'air [1], de faire fi de nous, vous qui n'avez rien, pas même du pain !... Puis quand je viens au nom de mon peuple vous offrir mes services, vous savez ce que vous me répondez !... Prenez garde à vous, enfant russe, « l'orgueil marche devant l'écrasement ».

L'ENFANT SANS CULOTTES

Non, ce n'est pas de l'orgueil, mais nous en avons par-dessus la tête des Allemands, voilà pourquoi nous ne voulons pas de vous ! Et vous, vous voulez vous imposer à nous.

L'ENFANT EN CULOTTES

Mais il me semble que M. Koloupaev s'impose bien autrement...

L'ENFANT SANS CULOTTES

Ne t'inquiète pas de M. Kouloupaev... nous le ferons chanter sur un autre ton... Parlons plutôt de ta confrérie... des Allemands. C'est vrai, vous

---

1. *Note de l'auteur.* Je prie le lecteur de ne pas oublier que cette conversation a lieu dans un songe ; il n'est donc pas étonnant que *l'enfant en culottes* s'exprime dans un langage qui n'est pas de son âge.

avez la civilisation, la science, les arts et des institutions libérales [1]. Mais voici le revers de la médaille, vous voulez nous envahir non pour propager votre civilisation chez nous, mais pour nous écraser. Quel est l'oppresseur sans entrailles qui exploite le plus cruellement l'ouvrier russe ? — L'Allemand !... Quel est le pédagogue le plus féroce dans nos écoles ? — L'Allemand !... Qui s'entend le mieux à suggérer le despotisme aux autres et à le soutenir implacablement ? — L'Allemand ! toujours l'Allemand... Puis, prenez-y garde, votre science n'est que de second ordre, vos arts de même, et vos institutions encore davantage... Il n'y a de premier ordre chez vous que l'envie et la cupidité, et parce que vous avez confondu votre cupidité avec la justice, vous vous croyez prédestinés à dévorer le monde entier... Et voilà pourquoi tout l'univers vous abhorre... Nous ne sommes pas les seuls à vous haïr, nous avons avec nous les deux mondes. Vous proclamez partout que vous apportez la science, et en réalité vous ne songez qu'à la supprimer ; vous invoquez vos institutions soi-disant libérales, et qui peut ignorer qu'à votre seul aspect toute idée libérale s'évanouit !... Tous les hommes vous craignent, et nul n'attend de vous autre chose que la perfidie... On dit que vous avez

---

1. *Note de l'auteur.* De la part de *l'enfant sans culottes* cette manière de raisonner est encore plus invraisemblable, mais tout est possible dans un songe.

orné votre Berlin d'édifices et de promenades, mais personne ne se soucie d'aller les voir... Vos propres frères allemands « unifiés » ont mal au cœur rien qu'en pensant à vous, leurs chers « unificateurs »... Cette antipathie générale doit avoir une cause.

L'ENFANT EN CULOTTES

Sans doute... l'ignorance seule empêche de nous aimer... un homme ignorant est un organisme inférieur... que peut-on attendre d'un mollusque ?

L'ENFANT SANS CULOTTES

Comment, saucisse prussienne, tu n'es pas plus haut qu'une botte, et tu parles déjà d'organismes inférieurs !

L'ENFANT EN CULOTTES

« Saucisse prussienne ! » voilà encore une expression détestable ! Et vous, Russes, vous êtes toujours à vanter la richesse de votre langue ! Voici une heure que je cause avec vous et je n'entends que des paroles incongrues, qu'il est impossible de traduire dans une langue civilisée. Vous croyez ainsi me donner le change sur votre situation, mais vous n'y réussirez pas. Vous avez beau crier que vous marchez à pas de géants, vous avez beau avoir de soi-disant apôtres qui crient qu'ils apportent au monde « une parole nouvelle, » en vérité vous êtes plus misérables qu'auparavant, jamais les Koloupaev ne vous ont accablés de tant d'injures. Aussi personne ne croit à votre puissance, personne ne recherche votre amitié, personne ne redoute votre haine...

L'ENFANT SANS CULOTTES

A ton aise, prussien, égosille-toi... Moi, je te dis que c'est précisément ce qui nous sauvera...

L'ENFANT EN CULOTTES

Non, je ne vous comprends pas et je vous ne comprendrai jamais...

L'ENFANT SANS CULOTTES

Je sais bien que tu ne peux pas me comprendre! Ne t'ai-je pas dit que tu as vendu ton âme pour un sou?... Et c'est ce qui t'empêche de voir clair.

L'ENFANT EN CULOTTES

Et vous, vous avez donné la vôtre pour rien, tu en as convenu... il me semble que l'affaire est moins avantageuse.

L'ENFANT SANS CULOTTES

C'est ce qui te trompe, Prussien, j'ai donné mon âme pour rien mais pas pour un sou, saisis la différence, je l'ai donnée, je peux la reprendre... Toi : tu ne le peux pas!

. . . .
. . . .

La conversation entre les deux enfants fut

brusquement interrompue, et je me réveillai.

Quelqu'un dans notre compartiment venait de sauter tout à coup à bas de son lit en criant à tue-tête :

— Au voleur ! Au voleur !

C'était le conseiller fouineur, Boa, qui se démenait il venait de rêver qu'on faisait un troisième partage et que pour la troisième fois il était frustré de sa part.

Une heure plus tard nous descendions à la gare de Berlin.

CHAPITRE IV

BERLIN

Il m'arriva un jour, à une des innombrables tables d'hôte de l'Allemagne, de me trouver en compagnie d'un grand nombre de mes compatriotes. J'étais le dernier de notre groupe, et j'avais à côté de moi un jeune homme si blond, que je l'aurais pris volontiers pour un émigré russe frais échappé de nos collèges ou de nos universités. Mais cette supposition était dénuée de fondement, car ce jeune homme parlait un allemand très pur et appartenait évidemment à une famille allemande, qui se trouvait à la même table que nous.

Ici un miracle se produisit.

Pendant que nous agitions en russe cette question : « A quoi Berlin est-il bon ? » et que plusieurs d'entre nous soutenaient, que Berlin était nécessaire dans ce monde pour saigner l'humanité, je passai un plat à mon voisin blond qui, pour me rendre ma politesse, me répondit dans ma langue, en l'écorchant :

— Je vous remercie.

J'eus de la peine à retenir une exclamation de surprise.

— Comment, *mein Herr*, vous avez eu le courage d'apprendre le russe ?

Le jeune homme me répondit, d'un ton modeste, sans se troubler le moins du monde, toujours en maltraitant ma langue :

— Je suis soldat... et on nous enseigne un peu de russe à *toute éventualité*.

Et voilà où nous en sommes ! Depuis Pierre le Grand, nous apprenons l'allemand, sans nous douter qu'il peut survenir une « éventualité, » et à Berlin on la prévoit déjà ! Car, enfin, il est évident qu'on n'enseigne pas le russe aux soldats allemands pour leur faire goûter les beautés de notre littérature.

Comme on pense, je me hâtai de communiquer ma découverte à mes compatriotes, qui trouvèrent là une nouvelle preuve à l'appui de leur thèse sur le rôle de Berlin dans le monde.

Autrefois, la ville de Berlin n'était que la capitale du royaume prussien, et tout le monde l'acceptait parce qu'elle gardait modestement sa place à la tête de son humble royaume. Elle s'y trouvait presque au centre, ce qui était très commode pour l'administration. Sans doute, cette capitale était un peu ennuyeuse et semblait souffrir d'une perpétuelle migraine, ce qui n'attirait pas les étrangers. Cependant, elle faisait de louables efforts pour ressembler aux autres capitales. Elle se donnait des monuments et des palais, par coquetterie pour ses fidèles sujets, afin qu'ils eussent le droit de répéter avec orgueil que leurs rois pouvaient aussi se passer la fantaisie d'avoir des édifices... Quant à la gloriole militaire, elle commençait déjà à montrer le bout de l'oreille, mais elle paraissait si insignifiante, que personne n'y prenait garde.

Et pourtant sous cette insignifiance couvaient déjà des Bismarck et des Moltke.

Souvent, ce petit royaume fut menacé d'un démembrement, mais chaque fois une main amie vint à son secours et lui assura, pour un temps indéterminé, la facilité de continuer ses exercices militaires et de passer ses troupes en revue à cœur joie.

De temps en temps, on répandait dans toute l'Europe le bruit que Berlin avait l'intention d'octroyer des institutions libérales à la Prusse. Cette rumeur empêchait ses voisins de dormir sur leurs deux oreilles, mais les années passaient et les institutions libérales ne venaient point; les appréhensions des voisins se calmaient, et la confiance remplissait de nouveau leur cœur.

Berlin eut, il est vrai, une révolution en 1848, mais elle fut de si courte durée et si ennuyeuse qu'elle compte à peine.

Le Berlin d'autrefois aurait pourtant quelque droit à notre sympathie. S'étant aperçu qu'il n'était pas à proprement parler une ville allemande, il fit des efforts vertueux pour s'en donner les apparences. Il rivalisa de zèle avec les centres de la culture allemande, attira les plus célèbres professeurs dans son université et se mit à protéger et à encourager les lettres, les sciences et les arts. Assurément, ces réformes se faisaient avec une sage économie et cachaient une arrière-pensée; mais il me semble que protéger les lettres, la science et les arts, même parcimonieusement et avec une pointe de perfidie, est toujours préférable à l'attaque à main armée et au règne de la force brutale.

Enfin, le grand titre du vieux Berlin à l'estime générale, c'est qu'on s'occupait très peu de lui; personne ne le redoutait, personne ne l'enviait, et même la Moskova ne voyait aucun inconvénient à l'existence de la misérable Sprée.

A l'heure qu'il est, de ces prétentions plus ou moins sympathiques, il ne reste à Berlin que la moins aimable de toutes — sa migraine qui plane toujours sur elle, comme un nuage de plomb. Tout le reste a changé du tout au tout. La timidité a été remplacée par la présomption ; la politique évasive, par une politique d'invasion ; la modestie, par le désir toujours déçu d'attirer les étrangers, en leur offrant le luxe bourgeois des nouveaux quartiers et une débauche de second ordre, dont le cynisme répugnant s'efforce en vain de faire oublier le vice élégant, raffiné et artistique de Paris.

Aux approches de Berlin, l'étranger sent déjà l'odeur de l'ennui, de la suffisance militaire et du ramassis de jupes sales qui balaient la poussière de l'*Orphéum*. Et comme il n'y a rien de captivant dans ces trois aimables choses, le voyageur se hâte de descendre au premier hôtel venu pour s'épousseter un peu, faire un somme et repartir aussitôt de la capitale de l'empire prussien.

Il est impossible de se figurer quelque chose de plus triste que les rues de Berlin. Ce n'est pas qu'elles manquent de mouvement, — Berlin a un million d'habitants — mais c'est un mouvement raide et compassé. On dirait que tous les passants traversent les rues par contrainte et que, s'ils le pouvaient, ils se sauveraient à toutes jambes.

On éprouve le désir de crier à chaque voyageur dont la voiture s'éloigne : — « Heureux mortel ! tu quittes enfin Berlin pour toujours ! »

Vous n'entendez jamais à Berlin ce bourdonnement de ruche qui ne cesse pas à Paris. L'union intime qui unit à Paris les rues et les maisons et fait de la rue comme la continuation de la maison,

4.

manque tout à fait à Berlin. Là, il n'y a qu'un flux continuel et silencieux ; le mouvement mécanique d'une balançoire qui va et vient. Rien de plus.

Les magasins de Berlin sont en harmonie avec ses rues : ils ont l'air lugubre. Il n'en manque pourtant pas de vastes et qui regorgent de marchandises, mais ce sont plutôt des entrepôts que des magasins.

Peut-être trouverait-on quelque chose de bon tout au fond de ces rayons, mais on n'a pas le courage d'aller le dénicher, parce qu'avant de l'avoir découvert on aurait le temps de maudire vingt fois le jour de sa naissance.

Représentez-vous que vous désirez savoir pourquoi le chef de police de Saint-Pétersbourg a été surnommé chef de la ville, et qu'on vous réponde : pour l'apprendre, il vous faut lire d'un bout à l'autre les vingt volumes de l' « Histoire de la Russie depuis les temps les plus reculés »… Vous y renoncerez.

De même à Berlin, chaque magasin semble avertir le client, que quiconque désire acheter un gilet de flanelle ne pourra l'obtenir qu'après avoir préalablement étudié à fond l' « Histoire complète des gilets de flanelle depuis les temps les plus reculés. »

Voilà pourquoi les dames russes, qui aiment tant à courir les boutiques, disent les larmes aux yeux :

— Imaginez-vous, ma chère, que mon mari a voulu me faire confectionner mes robes à Berlin !!

On peut acheter à Berlin un couvre-pied, mais non une courte-pointe de satin pour la parure du lit, le jour. On peut encore faire l'emplette d'une balle en caoutchouc, si c'est pour la donner à un enfant pauvre ; enfin, on peut aussi se procurer une saucisse, non pour l'offrir aux gens à qui l'on veut du bien, mais pour l'avaler quand on a la fringale, tout seul, dans sa chambre, et les portes closes. Ensuite on fera son possible pour l'oublier, dès que les tiraillements d'estomac auront cessé.

Je veux bien croire, malgré tout, que Berlin fait beaucoup de commerce et, comme on dit, bâcle un grand nombre d'affaires, surtout dans les marchandises de laine.

Où s'écoule toute cette pacotille sans goût, et le plus souvent de très mauvaise qualité ? Sans doute dans les villes de provinces allemandes d'abord, Dirchau, Bromberg, Tarant, mais la plus grande partie va en Russie.

Penza, Toula, Koursk engloutissent tout, et la même dame, qui poussera les hauts cris à l'idée de renouveler sa garde-robe à Berlin, portera sans murmurer du Gerson authentique pour du véritable Worth, pourvu que son couturier lui cède ce Gerson... à crédit.

Mais ce qu'il y a encore de plus assommant dans les rues de Berlin, c'est le militaire.

La garnison de Berlin n'est pourtant pas beaucoup plus considérable que celle de Saint-Pétersbourg. Serait-ce alors que les officiers prussiens sont beaucoup plus gros, que leurs poitrines occupent beaucoup plus de place ? Il est toujours certain que, lorsqu'un officier prussien traverse une rue, elle devient tout à coup trop étroite.

Il faut avouer qu'il a un singulier aspect : l'uniforme rappelle les redingotes et les casquettes de nos soldats en 1840. La poitrine rebondie pousse en avant et décrit une courbe, les moustaches sont tournées en forme d'anneau... et l'officier s'avance frais, vermeil (un vrai sac de farine) satisfait de lui, comme s'il venait de toucher sa solde, ce qui ne l'empêche pas de bousculer les piétons, sans se gêner.

Quand je passe devant un officier berlinois, je me sens tout petit.

J'éprouvais le même sentiment à Ems ou à Baden-Baden, quand on amenait des officiers de Rastadt ou de Coblentz pour amuser les dames. Ce n'est pas qu'un officier prussien me fasse peur, mais sa tenue, sa proéminence thoracique, son menton frais rasé, toute sa personne crie : « Je suis un héros ! »

Un héros !... Il me semble que s'il me disait : « Prends garde à toi, je vais te nettoyer » — je me sentirais plus à l'aise.

Un héros ! Mais devant un héros les simples mortels devraient vivre à genoux dans une adoration perpétuelle, s'anéantir eux-mêmes et oublier toutes leurs affaires... Cependant, si simple que je sois, j'ai pourtant des occupations qui réclament mon temps et mes soins... Et enfin mes petits travaux joints à ceux d'autres simples mortels ne sont pourtant pas inutiles au pays que nous habitons... Comment vais-je faire pour les bannir complètement de ma pensée et passer toute la sainte journée à crier : « Hourra! Vive le héros! »

Non, décidément il serait plus sage de tenir les héros un peu à l'écart ; cette mesure soulagerait les simples mortels d'un grand poids, et le pays pourrait bénéficier du produit des ouvrages qui sortiraient de ces mains vulgaires.

Que les héros s'admirent mutuellement, qu'ils s'entretiennent entre eux de leurs hauts faits, qu'ils lisent Plutarque, qu'ils se nourrissent des exploits des héros anciens et modernes, pour attiser en eux la haine de leur ennemi juré et l'amour de son extermination, je n'y vois pas d'inconvénient! — D'ailleurs je me demande quel peuple n'est pas, à l'heure qu'il est, aux yeux des Prussiens un ennemi juré ? — Mais je tiens absolument à ce que ces héros ne se montrent pas dans la rue, de jour, et que leur présence ne vienne pas me rappeler à moi, qui suis un paisible bourgeois, que je peux, d'un moment à l'autre, être écrasé comme un ver, si l'œil du héros n'est pas là, grand ouvert, pour veiller sur ma personne....

La vue d'un officier russe ne m'oppresse pas de

la sorte. D'abord il est moins volumineux, puis il n'a pas une poitrine de nourrice, enfin il n'accable pas les autres de son héroïsme. Il est vrai que notre soldat ne pense pas que l'héroïsme soit une munition si commune, qu'il puisse la transporter partout avec lui, comme une simple cartouche. Le soldat prussien pense au contraire que, puisque ses supérieurs lui ont érigé un monument sur la place Royale, il est tenu de porter son héroïsme dans la rue, et jusque dans les jardins débraillés de l'*Orphéum*.

C'est peut-être pour cette raison, que la gaieté à Berlin semble toujours guindée et lourde.

Cependant, qu'est-ce que c'est qu'une capitale sans plaisirs ? D'ailleurs le Berlinois a les nerfs trop agacés par le récit des divertissements de Paris, pour ne pas chercher à les imiter. Puis, s'il ne s'amuse pas, toute l'Europe dira : — « Voyez un peu ces Prussiens, ils ont passé au fil de l'épée la moitié du monde civilisé, et ils sont restés aussi ennuyeux qu'autrefois ! » — Enfin les héros eux-mêmes ne diront-ils pas : — « Comment, nous vous avons couverts de lauriers, et vous marchez toujours comme des endormis ! Faut-il, pour vous réveiller, saccager, encore un pays ? »

Aussi, le Berlinois s'est mis en devoir de s'amuser ; il s'est acheté un char à bancs, il a juché à l'arrière un *ganz noblen lakai*, et il publie dans le monde entier qu'il a aussi « *unsere eigene ga-*

mins de Paris » (ses propres gamins de Paris).

Ensuite il va à l'*Orphéum* pincer la taille des horizontales de Berlin, se gave de champagne comme autrefois ses aïeux se soûlaient de bière, et, quand il est gris, va se coucher, emmenant ses conquêtes du soir.

Puis il se retourne dans son lit, en songeant qu'il faudra recommencer à s'amuser le lendemain, comme il s'est amusé ce jour-là.

J'insiste sur la vie de la rue à Berlin, parce qu'elle tombe sous les yeux de l'observateur, puis, parce qu'une ville, qui a la prétention d'être le point culminant de tout un Empire, doit refléter dans ses rues l'image et le caractère de son peuple et révéler ses aspirations.

Rien n'est plus facile que de fonder une université et de lui donner de bons professeurs en les payant bien. Il n'est pas difficile, non plus, d'élever des musées et de faire des expositions... Mais l'esprit sociable, les bonnes manières, le savoir-vivre, ne peuvent pas s'imposer par un *befehl* (décret) au bruit des trompettes de la victoire. Là où ces qualités n'existent pas, où le sentiment de la dignité personnelle est remplacé par une présomption arrogante et stupide, où le chauvinisme tient lieu d'enthousiasme, où le cœur ne connaît ni amour, ni haine, mais ne sait que jalouser son voisin, où il n'y a ni affabilité vraie, ni gaieté sincère, mais uniquement l'envie de se faire valoir, et une froide spéculation sur le *trinkgeld* (pourboire) — là, nulle idée de liberté ne peut éclore, et nulle influence morale s'exercer.

Je ne veux pas dire par là que les universités jouent un rôle insignifiant dans la vie politique et sociale d'un pays, — au contraire ! Mais pour que leur influence soit vraiment salutaire, il faut qu'il s'établisse entre elles et la société un lien intime, il faut qu'elles deviennent les flambeaux et les messagers de la vérité. Elles manqueront à leur mission si, du haut de leurs chaires, les professeurs se contentent de commenter et d'appuyer des formules officiellement acceptées, qui n'ont nullement besoin de leur sanction pour triompher.

Ceci me rappelle un fait assez curieux dont j'ai été témoin dans ma jeunesse :

Du temps où j'étais étudiant, le knout occupait encore une place d'honneur dans notre code. Il faut croire que c'était l'instrument favori de la Némésis d'État, car elle n'en accordait jamais plus de quarante et un coups, bien qu'on assurât qu'un bourreau, un peu expert dans son art, pouvait tuer son homme au troisième coup.

En tout cas, le knout fonctionnait trop bien pour que son existence pût être mise en doute, et le professeur de droit criminel était bien obligé de parler du haut de sa chaire de cet agent de la Justice.

Eh bien, il s'est trouvé un professeur qui, sans embarras et sans vergogne, a déclaré devant son jeune auditoire, qui recueillait religieusement ses paroles, que le knout incarnait une des notions les plus élevées de la justice et de la vérité.

C'était encore peu de chose, il alla plus loin, il affirma que la volonté perverse du criminel sollicite d'elle-même la rétribution de ses actes sous la forme du knout et, si elle ne l'obtient pas, elle est déçue et mécontente.

Quelques mois passèrent après cette séance mémorable ; le cours n'était pas encore terminé, lorsqu'un peu avant le moment des examens le knout fut supprimé et remplacé par le fouet à trois queues, avec une augmentation notable du nombre de coups. Je me rappelle avec quelle impatience nous attendions pour voir comment notre docte professeur jugerait cette modification imprévue, après son panégyrique du knout. Verserait-il des larmes sur la perte de ce noble instrument de la Justice ou le vouerait-il à l'exécration et au mépris ?

Il prit ce dernier parti. Toute sa leçon fut consacrée à démontrer que la haute idée de la justice ne pouvait se manifester sous la forme ignoble du knout, mais qu'elle jubilait maintenant que les autorités lui permettaient de s'incarner sous la forme d'un fouet à trois queues, avec une augmentation du nombre de coups proportionnée à la faiblesse relative du nouvel instrument de supplice.

Il développait sa thèse sans éprouver le moindre malaise et nous l'écoutions sans dégoût.

J'ignore de quelle manière il s'est tiré d'embarras quand les peines corporelles ont été abolies en Russie, mais je suis sûr qu'il en est sorti avec les honneurs de la guerre.

Et pourquoi lui en voudrait-on de cette savante justification de l'ordre de choses établi ? L'avait-on investi du soin de tenir haut le flambeau de la vérité ? Non, on ne lui demandait qu'une chose : justifier par des raisonnements ingénieux une vérité officiellement reconnue et approuvée, en échange du traitement alloué aux professeurs de l'État.

Je me trompe peut-être, mais il me semble que les professeurs de l'université de Berlin sont des savants appelés des quatre coins de l'Allemagne précisément dans le même but. Ils trouvent des théories pour idéaliser les faits accomplis et touchent modestement, pour ce service rendu à la patrie, de magnifiques émoluments. Mais ils n'exercent aucune influence sur la vie de la nation et ne préparent pas les hommes de l'avenir.

Sans doute, un professeur de Berlin ne défendra pas, à la vie à la mort, le knout tel qu'on le conserve encore dans les chancelleries du gouvernement russe sous le sceau de l'État..... mais tous les knouts ne sont pas en Russie !

Je n'ai pas le droit d'affirmer que Berlin ne deviendra jamais le guide de la vie intellectuelle de l'Allemagne, mais, à en juger par l'état de choses actuel, je crois pouvoir assurer que, pour le moment, Berlin non seulement n'est pas sympathique à la plupart des Allemands, mais qu'il est mal vu par la moitié de l'Allemagne. Il a enlevé quelque chose à tout le monde et n'a rien donné en échange. Par dessus le marché, il a implanté partout des soldats berlinois et des officiers en proportion.

De quel droit sont-ils venus troubler la quiétude des paisibles Badois pour leur faire les gros yeux et les obséder de leurs poitrines bombées de héros? Qui avait besoin d'eux ?

En un mot la question : — « A quoi Berlin est-il bon? » — n'est pas aussi oiseuse qu'elle pourrait le sembler à première vue. Et la réponse à cette question n'est pas aussi difficile qu'on pourrait le croire, car toute l'essence du Berlin moderne, toute sa signification propre est résumée dans l'édifice qui s'élève en vue de la place Royale et qui porte cette enseigne : *État-Major général*....

On prétend, cependant, il est vrai, que jamais les aspirations démocratiques n'ont été aussi ardentes à Berlin que de nos jours, et on invoque à l'appui certaines élections du parlement... Mais on assure également, que les autorités berlinoises s'entendent à merveille à étouffer ces aspirations et qu'elles le prennent à leur aise avec les idoles des électeurs.

CHAPITRE V

OÙ LA VIE EST-ELLE LA PLUS AMUSANTE ?

Il va sans dire, après ce que je viens d'écrire, que je reconnais à tout Berlinois en possession de son bon sens le droit de venir me dire : « Eh bien, puisque tu ne te trouves pas bien chez-nous, retourne en paix chez toi goûter avec délices les douceurs de ta patrie ! »

Non seulement je trouverais cette remarque toute naturelle, mais j'avoue que je ne pourrais m'empêcher de me sentir très confus.

En réalité, j'aurais tort de me troubler, car l'important en cette question n'est pas de savoir dans quel pays la vie est la plus dure, mais où elle est la plus amusante...

Lecteur ! étonne-toi à ton aise !... Je déclare, sans crainte de rencontrer l'ombre d'un contradicteur, que la vie n'est nulle part aussi intéressante que dans notre pauvre patrie affaissée !

Sans doute c'est un attrait original, bon pour un amateur, comme on dit, mais captivant au plus haut point...

Je partage tout à fait l'opinion de l'*Enfant sans culottes* qui, à la séduction alléchante des pois au lard, répondait toujours : « non, merci, chez nous, c'est plus amusant ! »

Si l'on peut dire de l'Europe actuelle tout entière qu'elle ne fait que répéter son passé, et qu'elle sait très bien que demain les choses se passeront comme elles se sont passées hier, à quelques détails près, cette remarque est encore plus vraie, quand elle s'applique à Berlin.

A Berlin les pierres elles-mêmes se lamentent en disant : « aujourd'hui c'est comme hier, et demain sera comme aujourd'hui ».

Qui de nous, Russes, au contraire, peut savoir ce qui se passera demain dans sa patrie : Comment la question des sauterelles sera résolue ? Si jamais une maille du filet d'injures et de mauvais traitements qui nous enveloppe se rompra ? Si l'on verra s'accomplir ce miracle que l'enseignement, le soin de la santé publique, et les travaux agricoles seront considérés comme des carrières où les Russes cultivés doivent trouver leur place, et non des véhicules de propagande pour les idées subversives ? Qui peut résoudre ces questions ? Personne au monde ! Et c'est justement là ce qui est amusant.

Je sais bien que se débattre au milieu de tous ces problèmes, c'est un peu vivre dans la fosse aux lions..... Mais aussi quelle joie si les lions vous laissent la vie sauve ou se contentent de vous caresser légèrement les côtes ?

L'Enfant en culottes avait certainement raison en bien des choses ; il est incontestable que la saucisse au lard est préférable à du pain fait de balle d'avoine et trempé dans de l'eau ! Je ne peux pas me refuser à reconnaître que des champs où chaque grain de blé en rapporte quinze, sont plus avantageux que les champs russes qui vous promettent une riche moisson... dans le ciel ! J'admets encore que l'habitude de respecter les arbres fruitiers plantés le long des routes est plus louable que celle de les ravager et, enfin, qu'il n'est pas sage de se dégriser en buvant du pétrole simplement parce qu'on en trouve sous sa main.

Cependant *l'Enfant en culottes* n'avait pas raison en prétendant que ces bienfaits de la civilisation sont si précieux, qu'on peut vendre son âme pour les obtenir.

L'Enfant sans culottes ne s'est pas trompé. Il reconnaît que le Prussien vit mieux, plus proprement, plus confortablement que lui, mais pour cela il a vendu son âme, et *l'Enfant sans culottes* se console en pensant qu'il n'a pas vendu la sienne. Il est vrai qu'elle ne lui appartient pas davantage, seulement l'Allemand a vendu son âme, et le Russe l'a donnée. C'est une différence caractéristique et on ne peut plus intéressante.

Quoi qu'il en soit, je conviendrai que la première impression d'un Russe en arrivant à Berlin doit être un sentiment de tristesse qui ressemble un peu à du dépit.

Son premier soin sera d'établir une comparaison entre les deux pays, et le résultat lui semblera peu satisfaisant pour son orgueil national. Mais je le prie de ne pas s'en tenir à ses premières conclusions, de ne pas se laisser éblouir par le droit, qu'il a conquis en franchissant la frontière, d'apprécier les bienfaits de la liberté... Il peut en croire l'*Enfant sans culottes*, chez nous tout est beaucoup plus amusant, et il doit sans regret retourner dans sa patrie et jouer le rôle qui lui convient dans ce drame énigmatique, dont on ne saurait pas même dire avec certitude qu'il a déjà commencé.

CHAPITRE VI

LES VILLES D'EAUX

A partir de Berlin, en suivant la direction du Rhin, commence la série des villes de sommeliers. C'est dans ces stations balnéaires que s'abat la foule des étrangers venus de tous les coins du globe et à laquelle se joint un contingent russe, envoyé par le département de la santé publique, avec l'ordre exprès de se faire du ventre.

La ville d'eaux, *le Kurort*, comme l'appellent les Allemands, est d'ordinaire un bourg très pittoresquement situé, et qui présente, en hiver, toute une rangée de maisons et de pensions rigidement closes qui prennent vie en été et se transforment en une ruche bruyante.

L'attrait officiel de ces villes est dans les vertus curatives de leurs sources d'eaux minérales et dans la pureté de l'air des montagnes, qui les entourent ; leur attrait non officiel réside dans les fêtes perpétuelles qui résultent nécessairement de la réunion d'un grand nombre d'oisifs, dont le gousset est bien garni.

Il m'est impossible de me figurer quelle sorte d'existence on mène dans ces villes pendant la morte-saison. Leurs habitants se livrent-ils, comme tous les autres mortels, à des occupations quotidiennes ou ont-ils une vie à part? Est-il possible qu'ils se marient, qu'ils aient des enfants et qu'ils meurent comme tout le monde? Je croirai plutôt que cette foule d'hommes exténués par le va-et-vient sans trève de l'été, après avoir compté ses sous, s'est plongée dans un sommeil de marmotte dont elle ne se réveillera qu'au printemps, quand il s'agira de faire ses préparatifs pour la saison et se trémousser de plus belle.

Je ne peux me représenter une ville d'eaux allemande en hiver que sous l'aspect d'une vallée de conte de fée, avec des maisons égrenées, toutes hantées par des revenants, et où l'unique signe de vie et de travail humain consiste dans une minutieuse épuration des microbes de toute sorte généreusement déposés là, en été, par les touristes.

C'est que non seulement les étrangers ont disparu, mais toute cette masse hétérogène de sommeliers, qui pendant la saison donne à la station thermale sa couleur locale, s'est évanouie, Dieu sait comment, aussitôt que le dernier flot de touristes a pris le large. Cette légion de garçons d'hôtel n'est pas indigène non plus, mais surgit de tous les coins de l'Allemagne, attirée par l'appât d'un bon pourboire.

Aux premiers rayons printaniers, la ville d'eaux se ranime, comme sous une baguette enchantée, et à mesure que l'été approche, le bourdonnement devient plus sonore autour du casino, et les innombrables tables d'hôte étendent avec plus de complaisance leurs bras aux chers visiteurs.

Le casino se met avec coquetterie à sa toilette, des drapeaux, des banderolles l'enguirlandent ; au milieu se balancent des lanternes aux formes les plus variées et les plus bizarres ; les parterres fleurissent tout autour du bâtiment en dessins bizarres ou représentent les armoiries officielles. L'armée des sommeliers est debout, retenant son souffle, prête à s'élancer au premier appel pour faire son service. Autour des sources s'installent les plantureuses *wasserfrau* dont l'office consiste à présenter aux visiteurs les verres d'eau curative.

Pas une maison qui pendant la saison ne se transforme en un hôtel privé, et ces hôtels improvisés ne rappellent pas mal nos auberges de province en Russie, moins les punaises toutefois. Les propriétaires de ces maisons, après avoir passé l'hiver dans des bouges afin d'économiser le combustible, passent l'été dans des réduits encore plus exigus, pour augmenter leurs profits.

Dans les villages avoisinants, sans prendre une minute de repos, on trait les vaches, les chèvres, les ânesses et on palpe les poules. A tous les carrefours se tiennent des commissionnaires, des portefaix, un tas de pauvres gens qui sont venus là pour se vendre corps et âme, moyennant un pfennig ; à côté, les chevaux hennissent, les ânes braient, et le juif court à perdre haleine, sans même savoir où il va, ni pourquoi faire, mais flairant distinctement dans les poches de tous les touristes au moins un *thaler* ou un billet de banque.

Il y a dans l'air quelque chose d'anormal, il semble que la vie a déraillé, et conformément à l'habitude russe, je me demande si je ne vais pas tomber « dans une affaire », mais en prolongeant mon séjour dans ces villes d'eaux, je me suis rassuré, et j'ai acquis la certitude qu'il n'y a aucune raison de craindre « une affaire, » parce que dans ces endroits tout est réglé d'avance depuis des siècles et va son bonhomme de chemin, sans gêner qui que ce soit.

Les portefaix eux-mêmes accomplissent leur besogne gravement, sans se marcher sur les pieds les uns des autres, et tout fiers de sentir que c'est à eux et non aux commissionnaires que revient la gloire d'avoir supplanté les chevaux de somme.

Les commissionnaires à leur tour ne cherchent pas à s'arracher mutuellement ce travail et ne poursuivent pas le client de ces cris, comme en Russie :

— « Votre Excellence, c'est moi qui ferai votre commission ! »

— « Monsieur, c'est moi qui suis allé hier chercher la fille ! »

Non, ils restent immobiles dans l'expectative, attendant que le voyageur les passe en revue, et après avoir fait son choix crie à qui lui plaira : « Eh ! approche ! »...

Chez nous, à Moscou par exemple, le voyageur en arrivant ne manquerait pas d'avoir les pans de son paletot déchirés, ce qui aurait pour résultat une excursion générale en salle de police, ici tout se passe sans visite à la salle de police, et les habits conservent leurs pans.

D'un autre côté, si nos commissionnaires se mettaient à imiter la sage résignation des Allemands et à attendre en silence chacun son tour, n'aurions-nous pas lieu de craindre pire encore ? Qui ne dit mot, en pense davantage... et à quoi peut réfléchir un commissionaire, s'il n'a pas des idées subversives ?... donc à la salle de police pour récompenser sa bonne tenue.

On peut dire que le tiers état n'existe pas dans les villes d'eaux, car on ne peut raisonnablement appeler des bourgeois cette poignée de marchands indigènes et étrangers, qui font du commerce dans des baraques ou le long des promenades, dans des échoppes, et sous les arcades. Sont-ils des bourgeois, ces aubergistes qui ne diffèrent des sommeliers et des garçons de peine qu'en ce qu'ils ont le droit de crier plus fort : pst ! pst !...

Peut-être qu'en hiver, quand ils [ont compté leurs gains, se sentent-ils le droit de s'intituler de bons bourgeois ! mais pendant l'été ils se vendent corps et âme aux étrangers, comme le dernier garçon d'hôtel, et n'ont, comme lui, d'autre critérium pour l'appréciation des gens et des choses, que leur pressentiment de ce que tel « cher hôte » peut mettre de pfennigs dans leurs poches.

En attendant, les « chers hôtes » accourent en masse de tous les côtés.

Chaque jour des trains innombrables déversent dans les stations balnéaires des flots de voyageurs qui se mettent aussitôt en quête d'un logis pour y passer la nuit. Cette recherche est un avant-goût des félicités qui leur sont réservées.

Parmi ces touristes se trouve le malade, qui a toussé et expectoré tout l'hiver avec l'espoir de se délecter en été de lait d'ânesse, pour faciliter « l'échange des matières ». Puis il y a aussi le conseiller-fouineur, qui est tout prêt à absorber tout ce qu'on voudra, pourvu que le bon Dieu consente à prolonger ses jours, afin qu'il puisse continuer à recevoir le traitement et les dons temporaires qui lui sont alloués par l'État. Il y a encore le jeune bonapartiste que son extrême légèreté a seule pu empêcher de réfléchir à qui il vendra sa patrie, et pour quelle somme ?

On rencontre parmi les touristes **la bonapartiste** futile, mais aux formes opulentes, qui s'appuie langoureusement au bras de l'homme qui tousse et expectore, tandis qu'elle songe à la robe qu'elle mettra demain pour la promenade, une robe merveilleuse qui laisse tout voir, mais tout... Elle coudoie en passant une aimable vieille, qui ne peut contenir son attendrissement à la vue d'une telle forêt de pantalons et dont l'émotion va croissant, à mesure qu'elle s'approche du centre de la ville.

On voit encore un homme de lettres tout jeune, mais épuisé par des tracasseries de toute sorte, un avocat devenu fou à force de plaider et d'interjeter appel et un fonctionnaire que la sonnette de son directeur a rendu sourd. Tous se flattent de pouvoir oublier, pendant deux ou trois mois, toutes leurs peines et détendre leur esprit détraqué sous le poids des soucis, qui, pendant neuf ou dix mois de l'année, sont leur pain quotidien. — Les ingrats ! ils oublient que ces soucis, cette fatigue et cette tension d'esprit sont précisément ce qui leur rappelle de temps en temps « qu'en Ésope se cache un homme ».

Ah ! j'allais oublier le mouchard dans mon énumération !

Et tout ce monde vole sans cesse d'hôtel en hôtel et de pension en pension, toujours à la recherche d'un gîte... du gîte le plus simple !... Heureux celui qui parvient à se caser dans un réduit quelconque avant trois ou quatre heures de recherches des plus fatigantes.

La nuit il s'élève dans tous les hôtels des chœurs composés d'une part de toux et d'expectorations bruyantes, et de l'autre, de protestations indignées des petites dames bonapartistes :

— Eh bien, auras-tu bientôt fini ?

— Ah ! ma chère, k-hé ! k-hé !... k-hérrrr....

Enfin peu à peu les poumons s'épurent, et vers minuit le calme s'établit.

Le matin à six heures le concert de toux et d'expectorations recommence, accompagné par les protestations des petites dames.

Cependant, l'essaim d'abeilles entre et sort déjà du casino et bourdonne tout à l'entour.

Il est sept heures du matin. Les uns ont déjà pris les eaux et les autres se dirigent en toute hâte vers la source, le gobelet à la main. Là se presse un monde hétérogène, composé de grands dignitaires et de simples mortels, de malades et de gens bien portants, de mauvais sujets et d'hommes honnêtes, de bonapartistes et de personnes naïves, qui ne reviennent pas de leur surprise, en se voyant jetées au milieu de cette société, qu'elles n'ont point recherchée et qu'elles se flattaient même de ne jamais connaître. Elles se demandent avec effroi quel amer caprice du sort leur a enlevé le privilège de l'ignorer toujours.

Voici une pairesse anglaise, qui se promène dans une voiture à bras pour ne point secouer le rejeton d'une noble race, qu'elle apporte d'Angleterre, afin de lui donner dans l'embryon le baptême des eaux fécondantes.

Non loin s'avance majestueusement un ex-prince de sang, qui sèche d'ennui dans sa solitude princière, et qui, pour repeupler son désert, cherche par l'entremise des sommeliers les gens de bonne volonté désireux de solliciter l'honneur de lui être présentés.

Tout auprès se carre un gros propriétaire russe de Riasan ; son visage dit clairement : « au diable les eaux !... j'aime mieux aller passer la nuit à Lindenbach... je montrerai vingt-cinq marks à Dora, et je lui dirai : — « Enlève ta chemise, friponne... ; tu vois que je suis généreux, sois gentille... »

Le mouchard aussi est en train de boire à la source.

Dans l'air s'entre-croisent des accents appartenant à toutes les langues du monde, et le russe ne tient pas la place la moins bruyante dans ce chœur polyglotte où retentissent à tout instant des exclamations dans ce genre :

— Tiens, c'est vous ? Pour quelle raison ?

— Oh! peu de chose... un picotement dans le gosier!

— Avec qui venez-vous de parler?

— Un vaurien fieffé! Si vous saviez ce qu'il a fait!...

Une minute après :

— Est-ce possible? Vous ici? Depuis quand?

— Depuis une semaine! Les poumons ne vont pas...

— Avec qui étiez-vous en conversation?

— Une canaille de premier ordre... Si vous saviez ce qu'il a fait à sa propre sœur!

Encore une minute s'écoule :

— Ah! cher Docteur! J'en suis à mon troisième verre!

— Bon, promenez-vous, facilitez l'assimilation des matières.

— Cher Docteur! Je viens de recevoir une lettre de Russie..., et vous savez, ça va mal chez nous... les sauterelles!...

— Je voudrais pouvoir promulguer un ukase comme quoi il est interdit d'envoyer des lettres de Russie à mes malades... Croyez-moi, promenez-vous, facilitez l'assimilation des matières.

— Une minute, cher Docteur... j'ai quelque chose à vous demander... est-ce que je peux?... Vous comprenez?...

Le patient et le médecin chuchotent ensemble un moment, le docteur reprend :

— Hum !... Si vous y tenez... Mais vous savez mon opinion là-dessus... ce n'est pas *Rurgemaess*, ça ne rentre pas du tout dans le régime qui va avec les eaux que je vous ai prescrites...

— Oh ! cher Docteur !... Un peu... un tout petit peu !...

— Oui, mais c'est mon devoir de vous prévenir... Sont-ils drôles, ces Russes ! Tous, sans exception, pas plus tôt débarqués, vous demandez : Est-ce qu'on peut ?... Il n'y a rien à faire avec vous... Que voulez-vous que je vous dise ?... Essayez ! essayez à vos risques et périls... mais en attendant faites votre tour de promenade... l'assimilation des matières... c'est la première chose...

Le patient, tout heureux de la permission, s'empresse de favoriser l'échange des matières. Il travaille à cette assimilation, d'abord près du Casino, en humant l'odeur de chicorée brûlée qui s'échappe par bouffées de toutes les cuisines ; mais, voyant que le temps se traîne avec une lenteur de tortue, il se dirige vers les petits restaurants de la banlieue, à une demi-heure de marche au moins du Casino.

Mais encore quelques minutes de patience et vous verrez se dérouler un nouveau flot de promeneurs : ce sont les retardataires :

Voici la petite dame d'hier ; son gobelet à la main, elle se fraie un passage à travers la foule compacte des buveurs d'eau ; elle est revêtue d'un jersey si collant, que les yeux n'ont en réalité plus rien à deviner... et les bonapartistes savourent à leur aise tous ses charmes. Elle est accompagnée de la chère vieille dame, qui s'efforce de sautiller en marchant ; elle est bien maquillée, toute pimpante, émoustillée et semble prête à se jeter dans le feu et l'eau... L'*Oberkellner* (le chef des garçons d'hôtel), debout à l'entrée du Casino, suit la chère vieille du regard. C'est un gaillard blond et frisé qui aime à montrer son index orné d'une bague avec une énorme turquoise. Si quelqu'un s'avise de lui demander ce que peut bien coûter une pierre semblable, il répond d'un ton suffisant :

— *Das hat mir eine hochwohlgeborene russische Dame geschenkt'* (c'est un présent d'une grande dame russe).

Je connais plusieurs dames russes qui se récrieront offusquées par l'effronterie de l'*Oberkellner* : « Comment ose-t-il calomnier ainsi nos compatriotes ? »

Sans approuver les indiscrétions du Ruy-Blas de table d'hôte, et sans m'opposer aux récriminations de ces dames, ni discuter l'emploi du mot calomnie appliqué à l'Oberkellner, je me permettrai pourtant de poser respectueusement cette question : Pourquoi aucun garçon d'hôtel ne s'est-il jamais vanté d'avoir reçu une bague d'*eine englische Dame*, ni d'*eine deutche*, ni d'*eine franzœsche*, et entre toutes nationalités choisit-il toujours la grande dame russe ? Même les dames roumaines, dont la notoriété en pareilles matières est pourtant reconnue, ne figurent pas sur la liste de l'*Oberkellner*. Force nous est donc d'admettre qu'il y a dans l'âme de la grande dame russe une bienveillance toute particulière, et assurément on ne peut plus innocente, qui lui attire le cœur de tous les valets, et fait qu'à sa vue le maître d'hôtel se prend à rêver et se dit : « Si jamais je dois recevoir une bague ornée d'une turquoise ce ne peut être que de la main d'une grande dame russe ! »

Je suis sûr que cela doit se passer de la manière suivante, en tout bien tout honneur.

Un jour une vieille dame russe, une veuve, arrive toute seule aux eaux. Elle se trouve bien isolée en pays étranger et ne rencontre un peu de compassion que dans le maître d'hôtel de son auberge. Il s'est tout de suite montré homme de cœur. Il fait en sa faveur infraction aux règlements de la table d'hôte, lui avance sa chaise quand elle doit s'asseoir, la retire quand elle se lève ; de ses propres mains, il dépose sur son assiette les plus fins morceaux, verse du vin dans son verre et, le repas terminé, glisse la mantille sur les épaules de la dame en disant d'une voix caressante : *So !* (comme ça).

Le soir, il lui porte lui-même le thé dans sa chambre, s'enquiert si personne ne trouble son sommeil, si elle ne souhaite pas un oreiller de plus ? En un mot, il se dévoue.

On comprend sans peine que tant d'abnégation doit toucher la vieille dame. Et, tout à coup, elle se rappelle qu'elle a gardé au fond d'un coffret une bague ornée d'une turquoise, que feu son mari portait autrefois à son index ; elle sort l'anneau, verse quelques larmes — il faut bien honorer la mémoire du défunt — et elle le donne au bon maître d'hôtel comme récompense de ses services.

L'année suivante elle part pour une autre ville d'eaux, où elle rencontre un autre maître d'hôtel aussi attentif, aussi dévoué que le premier. Alors, elle se souvient également qu'elle a encore au fond de son coffret une autre bague ornée d'une turquoise, — une bague que feu son mari portait aussi à l'index ; — et de nouveau elle répand quelques larmes sur « ce pauvre ami ! » — et donne la turquoise au bon maître d'hôtel.

Après avoir fait le tour de toutes les stations thermales, elle arrive enfin en Suisse ; mais, hélas ! sa provision de bagues est épuisée et le dévouement des maîtres d'hôtel de même...

La vieille dame se décide alors à rester dans son village et récompense le dévouement du starosta Maxime par le don de roubles en papier...

Et voilà comme on écrit l'histoire.

Vers neuf heures et demie, le Casino se vide, et le bourdonnement recommence dans les hôtels et les pensions. C'est le moment de la première réfection, laquelle est suivie de toute une série de cures.

Le déjeuner fini, les uns se rendent dans le *Gurgel-kabinet*, (salle *des gargarismes*), les autres dans l'*Inhalation-Anstalt* et ceux qui, restent vont prendre leur bain. Mais ceux qui par leur puissance prodigieuse d'expectoration émerveillent tout le monde, passent consciencieusement chaque jour dans les trois établissements sans cesser d'émerveiller le monde par leur faculté d'expectoration.

Mais, en revanche, ils n'ont pas le temps de s'ennuyer; ces établissements divers se trouvant disséminés dans la ville à des distances qui, sans être considérables, sont fatigantes pour un malade.

Puis, dans chaque salle, il faut attendre son tour, recevoir les confidences d'un compatriote.

— Comment, vous payez deux marcs par séance, moi je n'en donne qu'un, et cette vieille allemande se tire d'affaire avec quatre-vingts pfennigs.

Et tous les jours il faut recommencer la même vie et rien au monde n'a le pouvoir de la modifier, pas même le mauvais temps.

Figurez-vous ce supplice, être lancé depuis six heures du matin jusqu'à une heure du soir dans une course haletante, avec la main constamment plongée dans son gousset pour en sortir d'innombrables pourboires ! En vérité, je me demande quel effet salutaire ce remue-ménage physique et moral peut bien exercer sur l'infortuné qui endure à la fois une maladie de cœur, l'emphysème, la bronchite, l'asthme et par-dessus tout cela les cors aux pieds!

Ces heures matinales — de dix à une heure — sont aussi la partie de la journée la plus importante et la mieux remplie pour la petite dame; elle les passe à essayer les toilettes qu'elle portera au dîner, à table d'hôte. Elle s'acquitte de cette besogne avec un sérieux imperturbable.

Quand elle a passé une première robe, elle se place devant la glace et examine d'abord l'effet par devant, puis par derrière, là elle ajuste un pli, ici elle fait bouffer une draperie, et sur les côtés elle donne de petites tapes savantes pour aplatir et lisser la jupe; pendant ce temps, du bout de la langue, elle se lèche délicatement les lèvres, cligne des yeux, prend un petit miroir à main et incline plusieurs fois la tête à droite, à gauche, dans tous les sens; elle pose le miroir, le reprend, sans cesser tout le temps de se lécher les lèvres... Et au milieu de ces agréables occupations elle voit sans cesse le jeune bonapartiste qui l'implore :

— Ah! madame, ce petit pied, Seriez-vous assez cruelle pour ne pas me permettre de le baiser?

Mais ces sollicitations ne la touchent pas, ne font pas tressaillir son cœur, ne versent pas du feu dans ses veines. Elle en a entendu bien d'autres sans s'émouvoir, et ces déclarations passionnées lui suggèrent simplement cette réflexion :

— Ah! comme les jeunes gens d'aujourd'hui parlent bien !

Et elle se met en devoir d'essayer la seconde robe. Nouvelle pose devant la glace, nouvelles manœuvres à droite, à gauche, en avant, en arrière; mais qu'est-ce que cela signifie? Une garniture s'est déplacée, juste à l'endroit le plus en vue, où tout doit être irréprochable? Encore quelques petites tapes, une épingle ou deux, et l'accident est réparé, tout va bien! Et de nouveau la petite dame voit le bonapartiste qui, cette fois, a réussi à baiser le petit pied, et qui sonde déjà l'avenir?...

Elle prend maintenant la troisième robe et recommence ses évolutions devant la glace. Le corsage va parfaitement bien... mais la jupe ne dessine pas assez les formes, on ne devine même pas la jambe?

— Pourquoi mon professeur à l'Institut m'a-t-il surnommée tête de linotte? Je ne la suis pas du tout, se dit-elle tout à coup.

Et toujours elle voit le bonapartiste, seulement cette fois il n'a pas de petites moustaches, mais une barbe, et quelle belle taille !

Elle revêt la quatrième robe qui sera la dernière.

Il en est temps! la pendule marque une heure moins cinq minutes, puis dans les circonvolutions de sa cervelle de linotte glisse un vers connu :

« Tu es belle dans n'importe quelle parure. »

C'est toute l'érudition qu'elle a gardée de six ans d'études assidues.

Le mouchard ne perd pas non plus son temps. Rentré au fond de sa niche, il compulse ses notes et ses observations, pour rédiger un rapport qu'il assaisonne d'habiles commentaires, mais il découvre tout à coup que cette sauce sent mauvais et peut faire manquer le plat... alors il l'étend légèrement d'un peu de calomnie... O miracle! la calomnie est vraisemblable, elle coule de source, elle est claire, limpide, elle a du style et de l'orthographe et semble calquée sur les comptes rendus des journaux bien pensants.

Une heure sonne! Toute cette foule d'êtres humains, harassés par la course à la recherche de la santé autant que par cette vie futile et oisive, se jette sur les tables d'hôte.

Pendant une ou deux heures, la ville semble tout à fait déserte.

Les heures qui suivent le dîner sont les plus dures à porter. Avant, on a la ressource de tuer le temps en buvant les eaux, ou on reste dans sa chambre à se farder et à se parer, mais après, quand ces occupations sont terminées, il ne reste plus rien à faire. Rentrer chez soi, — à quoi bon? et, à proprement parler, est-ce qu'on possède un chez soi? c'est une chose inconnue dans les villes d'eaux, chacun a sa niche, car ici le richard le plus opulent ne possède à prix d'or qu'une niche en comparaison de la demeure qu'il a quittée.

Il ne reste qu'une chose à faire, flâner... c'est fort bien, mais où aller pour flâner ?

J'ai dit un peu plus haut que les environs du *Kurort* sont en général très pittoresques, néanmoins le choix des excursions n'est pas grand, et on peut l'épuiser en fort peu de temps. Quand vous avez fait cinq, six promenades, le répertoire des sites n'a plus de surprises pour vous.

Il est vrai que, lorsque vous étiez chez vous, vous vous promeniez tous les jours dans le même jardin, vous admiriez quotidiennement les mêmes champs, et vous n'en étiez point las. Mais chez vous, vous ne respiriez pas les miasmes empestés d'un monde interlope qui vous étouffent ici à chaque pas. Chez vous le charme tout-puissant du *home* vous retenait : il n'y avait pas un arbre, pas un buisson, pas un brin d'herbe qui ne vous intéressât, et chaque arbre, chaque buisson, chaque brin d'herbe vous regardait en ami. Là bas, tout ce qui tombait sous votre regard, tout ce qu'effleurait votre main, toute chose enfin contenait l'histoire de vos joies ou de vos peines, et vous ne tourniez pas la page avant de l'avoir lue jusqu'au bout, parce que chaque mot remplissait votre cœur d'un regret dévorant ou d'une joie céleste...

Mais aussitôt que vous avez mis le pied sur le sol étranger, vous exigez des paysages grandioses et nouveaux, vous voulez de l'inédit... et à la place vous ne voyez qu'un défilé de courtisanes, qui se ressemblent toutes, avec cette différence que les unes franchissent les montagnes en voiture et que les autres, suivant d'un œil d'envie les équipages des privilégiées, s'efforcent de les devancer en gravissant à pied les mêmes cimes.

On peut encore trouver moyen de vivre jusqu'à quatre heures de l'après-midi. La musique joue sur la promenade, et l'orchestre n'est pas trop mauvais; au buffet du Casino et dehors, autour des tables, se presse la foule des consommateurs! La cocotte de profession fait défaut. — La direction exclut impitoyablement de cette enceinte tout ce qui peut être nuisible à la cure, quoiqu'aux beaux jours de la roulette elle se montrât moins sévère. — Cette lacune, toutefois, ne se fait pas sentir, parce que la cocotte par vocation est l'âme même de ce lieu.

Hélas! voici les musiciens qui s'en vont l'un après l'autre; vous avez déjà pris votre café, les glaces sont absorbées, il n'y a plus moyen de tenir sous ces platanes. Il faut aller faire un tour... il est vrai que c'est un peu tôt, bien qu'à cette heure du jour, quand vous êtes chez vous vous n'avez pas encore terminé vos affaires, et il vous semble à tout instant qu'on va vous dire : le dîner est servi!!... Non, c'est un vain songe; vous êtes aux eaux pour votre santé et condamné à faire un tour de promenade!

Toute la matinée, vous avez marché sans relâche... rien n'y fait ! c'est bon pour la matinée, mais il faut recommencer le soir ; n'oubliez donc pas que vous devez faciliter « l'assimilation des matières ! »

Vous pouvez choisir entre *Alter-Schloss*, *Eberstein-Schloss* et *Rothenfels*... [1] et demain vous verrez auquel donner la préférence de *Rothenfels*, *Eberstein-Schloss* et *Alter-Schloss*.

A moins que vous ne trouviez plus amusant de vous rendre à *Favorite* [2], d'aller dix fois à Favorite, vingt fois, si vous voulez !

Les gommeux et les petites dames nagent dans la cohue des promeneurs comme des poissons dans l'eau. Ils font des ascensions à pied ou en voiture, minaudent, jouent de la prunelle, étincellent d'esprit ; c'est ainsi qu'ils remplissent en conscience leur mission providentielle, qui consiste pour les premiers à faire parade de la coupe de leurs jaquettes et de leurs suîts, pour les secondes, des appas dont la nature les a douées.

Il est impossible de se figurer un être humain plus digne de pitié que celui dont toutes les facultés sont absorbées par le désir de faire valoir ses charmes. C'est pourtant à peu près la seule besogne qui occupe la femme élégante de nos jours, et non

---

1. Lieux de promenades dans les environs de Baden-Baden !
2. *Idem*.

seulement notre étourdie à tête de linote mais aussi la matrone sur le retour.

Rien n'excite son intérêt, ni les livres, à l'exception de la littérature croustilleuse, ni les tableaux, hormis les photographies ultra-réalistes; ni la nature... excepté toutefois les cabinets particuliers. En un mot elle n'a qu'un souci, c'est que la robe voile le moins possible ses formes arrondies.

Elle mange, non pour se soutenir, ni pour contenter sa gourmandise, mais seulement parce qu'elle a entendu dire qu'une chère succulente et copieuse donne de solides attraits. Avoir la gorge opulente et les reins cambrés voilà le comble de son ambition! Et pouvoir mettre au service de ses charmes un vocabulaire impudent, qui n'a pas besoin d'être riche pourvu que chaque mot, comme une flèche, porte au but.

Qu'importe à ces bipèdes d'accomplir leur mission providentielle au sommet de la *Schoene Aussicht* ou à Lindenbach?

Que leur importe que, du sommet de la *Schoene Aussicht* on aperçoive les *Siebengebürg* [1] et la bande d'acier du Rhin, et qu'on respire là haut l'arome des pins, tandis qu'à Lindenbach on est suffoqué par les vapeurs grasses de cuisine... Eh bien, malgré cet inconvénient, Lindenbach a plus d'attrait pour elles, parce qu'on y trouve un restaurant commode où l'on peut s'étendre.

1. Les sept montagnes de la province Rhénane.

Cet élément de bonapartistes et de cocottes, joint à l'engeance des hommes qui ne peuvent expliquer leurs moyens d'existence par des documents justificatifs, forme le véritable fléau des villes d'eaux sans exception. La roulette a pu disparaître, mais l'atmosphère qui l'entoure, les mœurs et les habitudes qui l'accompagnent subsistent toujours.

Le *Kurort* est un lieu où l'on est exposé aux rencontres les plus imprévues. Vous avez vu autrefois tel individu dans la misère, miné, fripé, presque sans culottes, et tout à coup il surgit devant vous métamorphosé à tel point que vous ne pouvez en croire vos yeux. Maintenant c'est un personnage important, et toute la valetaille lèche ses bottes. Il ne s'est pas laissé fourrer dans une niche comme vous et moi. Oh! non; il a trouvé un appartement entier, pour lui seul; il ne couche pas comme nous dans de la toile bise, qui l'écorche, mais dans les draps les plus fins et les plus blancs; il n'honore pas la table d'hôte de sa présence, mais il se fait servir à part, et on lui réserve les bons morceaux. — Enfin, comme couronnement, son épouse se promène pendant le concert au bras d'un haut dignitaire.

Il est évident que cet individu a dû commettre un vol pour s'être ainsi huppé en si peu de temps. Et pour la première fois de ma vie je me pose cette question : qu'est-ce que c'est qu'un voleur?

Chez moi, dans mon trou, il ne me serait jamais venu à l'idée de me le demander, tant la réponse m'eût parue simple ; mais ici, au milieu de cette vie factice, de ces récits apocryphes, de ces conversations à bâtons rompus, et de ce semblant de cure, les questions les plus claires s'obscurcissent tout à coup...

En attendant cette solution, il sonne sept heures, et le flot humain monte aux abords du Casino. L'orchestre tonne, les petites dames ont changé de toilettes et se faufilent entre les tables. Tout un cercle d'habitués s'est réuni autour d'une élégante, très belle et somptueusement mise ; des fusées de rire inconscient s'échappent de ce groupe privilégié et s'envolent sous la voûte des platanes. Toute cette aimable jeunesse s'ébat comme chez elle sur la promenade. Les petites dames lancent des regards de convoitise à l'heureuse élue et se pâment d'admiration devant elle.

C'est une Espagnole blonde, appartenant à la branche des Montijô, à qui l'auguste veuve en personne a confié la mission de parcourir les villes d'eaux en été et d'aller à Paris en hiver pour surveiller Gambetta. C'est elle qui donne le ton dans le *Kurort*, sa vue seule suffit pour démontrer victorieusement à quel degré de perfection peut être poussé chez la femme l'art d'arrondir ses formes, et d'attirer le regard de l'homme sur ce délicat modelage, enfin, dans quelle mesure la toilette doit accompagner ce chef-d'œuvre.

Oui, la robe ne doit ni souligner les formes, ni les amplifier, ni s'égarer dans des combinaisons paradoxales, mais seulement les exprimer, pas autre chose...

La statue doit rester simple et pure de contours comme la Vérité elle-même, et comme la Vérité elle doit s'offrir aux yeux de tous, indistinctement, dans sa nudité, sans promettre de récompense à personne, mais en disant à tous :

— Regardez, me voilà !

Quant aux draperies et aux accessoires : fleurs, rubans, et autres ornements décoratifs, ils doivent être disposés sobrement, tout juste ce qu'il faut pour arrêter le regard au bon endroit.

La seule critique qu'on puisse à cette heure adresser à l'ajustement de la femme, c'est que les législateurs de la mode, ont eu la faiblesse de ne pas supprimer la jupe ; ce vêtement encombrant et timoré, le seul qui jette encore des ombres sur la statue et sauvegarde de nos jours les intérêts de la famille.

Il est vrai que pour écarter un peu ces gênantes obscurités on a tiré le pied de l'ombre. Je dis, le pied, et non pas le « petit pied » comme disaient nos jeunes galants de 1840, le pied doit être vu dans toute l'intégrité de sa forme sculpturale, du bout de l'orteil à la naissance du mollet....

C'est déjà un progrès ; et croyez-moi, nous y viendrons !.. seulement il faut un peu de patience encore...

Toute cette foule bourdonne, sans savoir où elle va, ni ce qu'elle veut. Il ne s'en dégage rien que des pensées oiseuses, des paroles oiseuses, et des actes oiseux ! C'est la plus complète et la plus inconsciente réalisation de l'égalité... dans l'oisiveté.

Celui qui, chez soi, à la maison, avait une individualité quelconque l'a bien vite perdue dans les rangs de cette foule en liesse qui courbe tout le monde à son niveau. Et cette perte de l'individualité s'opère sans qu'on y prenne garde, imperceptiblement. Tout à coup toute trace de dégoût pour ce genre de vie s'évanouit.

Cette perte de l'individualité au sens moral et physique, et, par compensation sans doute, l'exagération de la personnalité dans la coupe extravagante des gilets, et la quantité légendaire de « Châteaubriands » qu'on peut avaler en un seul jour ; cette absence complète de toute velléité d'indépendance est à nos yeux le plus mauvais côté du séjour dans les villes d'eaux. Car si l'oisiveté remuante et obligatoire finit par engendrer l'ennui, à plus forte raison cette vie sans indépendance doit elle conduire à une anémie complète de la conscience et de l'intelligence.

Je ne doute pas qu'un grand nombre de personnes, de retour dans leurs foyers, doivent se rappeler avec stupéfaction ces mois passés à l'étranger, sous le joug d'idées et d'habitudes, dont ils ne soupçonnaient pas l'existence avant d'avoir mis les pieds dans une ville d'eaux.

En tout cas c'est l'impression que j'ai éprouvée quand je me suis retrouvé dans ma propre demeure.

CHAPITRE VII

LES « IDÉES SUBVERSIVES » EN SUISSE

Imaginez-vous qui je viens de rencontrer de nouveau ? Estrapade et Boa ! et j'en suis ravi ! Les deux conseillers fouineurs ne sont pas moins enchantés de me retrouver ; en m'apercevant ils se sont écriés comme un seul homme :

— C'est vous ! Dieu soit loué !

Les premiers temps de leur séjour aux eaux, ces dignes personnages ne se quittaient pas d'une semelle ; d'abord parce qu'ils occupaient la même position sociale et se comprenaient à merveille, ensuite parce qu'ils se trouvaient un peu isolés au milieu de la cohue d'une ville d'eaux. Il ne manquait pourtant pas de conseillers-fouineurs au *Kurort*, mais Estrapade et Boa avaient gagné leurs épaulettes sous l'ancien régime, et en outre ils avaient d'étranges armoiries. Pour ces deux raisons les autres conseillers, qui devaient leurs titres à la raie correcte de leurs cheveux soigneusement peignés sur la nuque, daignaient à peine les favoriser de loin en loin de quelques mots polis et s'éloignaient aussitôt. Il n'y avait pas dans leur accueil un mépris déclaré, mais il n'y avait pas non plus d'empressement.

Néanmoins, les premiers jours, les deux vieillards s'entêtèrent à vouloir frayer avec ce monde choisi. Pour arriver à leurs fins au lieu de dîner à table d'hôte, à une heure, avec le vulgaire, ils se firent servir à la carte, à six heures; ils échangèrent leurs longues redingotes pour de courts vestons à carreaux qui découvraient complètement leurs grêles extrémités. S'étant assis auprès des jeunes gommeux ils se plaignaient amèrement de leur médecin qui leur interdisait le champagne, écoutaient les petites anecdotes grivoises et contaient maladroitement des aventures scabreuses, et, en contemplant les petites dames, l'eau leur venait à la bouche.

Mais tous ces efforts restèrent sans résultat. Ce public d'élite ne leur prêtait pas même une oreille distraite et leur montrait clairement qu'il ne se souciait point de les entendre, de sorte qu'ils se virent réduits à se parler entre eux.

Il arriva même que des étrangers de distinction frappés de l'insistance que mettaient les deux

vieillards à vouloir pénétrer dans les rangs de ces
« chers mauvais sujets, » les regardèrent avec stupéfaction en demandant d'où ils sortaient. Là dessus d'autres conseillers répondirent en toute hâte
que ces deux personnages étaient des fruits flétris
de la culture russe avant l'émancipation, et qu'ils
n'avaient pas la moindre idée du « couronnement
de l'édifice ».

Les conseillers-fouineurs eurent vent de ces
commérages et en furent vivement chagrinés. Pour
mettre le comble à leurs vicissitudes il arriva au
Kurort un prince allemand rétabli dans l'exercice
de ses fonctions. Un grand seigneur russe, venu
aux eaux pour réparer ses poumons, jugea à propos de donner un dîner en l'honneur de l'hôte
princier. Tous les étrangers de distinction reçurent
des invitations, mais Estrapade et Boa furent oubliés. Ils se montrèrent d'autant plus sensibles à
cette omission qu'elle leur rappela ce partage dans
le gouvernement d'Oufa, où on les avait également
oubliés.

En un mot les deux vieillards devinrent maussades et changèrent leur manière de vivre. Des
dîners à la carte ils passèrent à la table d'hôte, et,
négligeant de parler de champagne, ils se mirent
à boire le vin du pays en le vantant, afin de mieux
le digérer.

C'est dans ces circonstances que je les rencontrai
et que nous fûmes tous ravis de nous retrouver.

— Comment, vous ici ! s'exclama Estrapade, et nous, nous étions sûrs que vous aviez dirigé vos pas vers la Suisse.

— Oui, oui !... Nous l'avons supposé... répéta Boa sur un ton d'aimable plaisanterie et non de menace.

— Mais pourquoi vos Excellences ont-elles pensé que je me dirigerais vers la Suisse ?... Pourquoi pas en Espagne, par exemple ?

— En Espagne ! Qu'iriez-vous faire en Espagne.. Ne savez-vous pas qu'Isabelle y est de nouveau en faveur ?

— Mais, vos Excellences ! m'écriai-je, c'est à tort que vous considérez la Suisse comme un foyer d'idées subversives ! Au contraire, on peut voir à Lucerne un fameux monument : « le lion blessé, » et je peux assurer à vos Excellences qu'il ne serait pas déplacé chez nous, et que nous serions fiers de l'avoir mérité !...

Je racontai de mon mieux l'histoire du « Lion de Lucerne », ce qui jeta les conseillers-fouineurs dans un transport d'enthousiasme.

— Ils sont comme cela les Suisses ! Comme cela ! s'écria Estrapade, qui ne connaissait guère de l'histoire de la République helvétique, que ce que le comte Mikhaïl Nicolaévitch lui en avait dit : que ce peuple s'était mal conduit avec l'empereur d'Autriche, et que, pour cette raison, la censure russe ne permet pas de jouer l'opéra de *Guillaume*

Tell autrement que sous le nom de « *Charles-le-Téméraire.* »

Cependant quelques jours après cette entrevue avec les conseillers-fouineurs, je fis une excursion en Suisse.

Je dois avouer que je n'y entrai point sans une sorte de frayeur. Il me semblait qu'aussitôt que j'aurais posé le pied de l'autre côté de la frontière suisse, je serais possédé par tout un essaim d'idées subversives qui s'attacheraient à moi et ne me lâcheraient plus.

A vrai dire, je ne redoutais pas pour moi l'effet de ces idées, je ne suis plus un enfant, mais je tremblais à l'idée que nos autorités pourraient avoir connaissance de ma mésaventure et que leur cœur en serait contristé !

Il me semblait entendre des voix plaintives parties des rives de la Néva qui répétaient en chœur :

« Ah ! il va succomber ! Les idées subversives l'emporteront ! »

Alors une voix sévère me criait :

— Qu'êtes-vous allé faire en Suisse ?

Et moi, de ma voix la plus humble :

— Pardon !...

— Discuter les formes du gouvernement ?

— Pa-ar-don...

Cependant je me hâte de dire que tout s'est passé pour le mieux. Non seulement je n'ai pas été entraîné, mais je n'ai pas eu l'occasion de me laisser égarer. Je n'ai pas trouvé trace d'idées subversives en Suisse, au contraire je n'ai rencontré que des idées russes, tout ce qu'il y a de plus russe — russes au point qu'on a de la peine à les respirer sans en être suffoqué. Ces idées s'emparent de vous, déchirent votre cœur en deux parts, et vous brûlent le cerveau exactement comme en Russie. Elles jettent comme un voile sur les lacs splendides et les majestueuses chaînes de montagnes ; le Righi-Kulm, le Pilate, le Nisen, le Faulhorn, — tout m'apparaît à travers un brouillard épais ; une seule idée luit clairement devant moi : comment progresse en Russie la question « du couronnement de l'édifice... » S'en occupe-t-on encore ou est-elle tombée dans l'eau ?

Cependant la pensée que le nom seul de la Suisse est nécessairement synonyme « d'idées subversives » suffit pour empoisonner mon séjour dans ce pays.

En wagon, je crois toujours reconnaître dans tous mes voisins autant de récipients « d'idées destructives » ; et à l'hôtel, je ne cesse pas un instant de me demander ; mais où sont-elles ces idées subversives ? Où peuvent-ils les avoir cachées ?

Cependant, j'ai beau chercher, je ne découvre que la nature resplendissante qui semble se pâmer dans le flot débordant de sa félicité intime. Là, tout brille, le ciel, les montagnes et les lacs, même l'orage — lui aussi vole au-devant de vous tout flamboyant et fulmine au milieu d'un incendie d'éclairs.

Pourtant, malgré toutes ces splendeurs je reste indifférent, incapable d'admirer. Et pourquoi cette impossibilité ? Parce que toutes mes impressions sont d'avance détruites par la crainte de découvrir des « idées subversives »... *Risum teneatis, amici.*

LIVRE DEUXIÈME

EN FRANCE

CHAPITRE PREMIER

SOUVENIRS RÉTROSPECTIFS

Les noms de France et de Paris sont intimement liés pour moi à des souvenirs de jeunesse, c'est-à-dire à des souvenirs qui datent de 1840. Ces noms contenaient, non seulement pour moi, mais pour tous les jeunes Russes de mon temps, quelque chose de fascinant, d'éblouissant, qui réchauffait notre vie, et, dans une certaine mesure, en déterminait la direction.

Personne n'ignore qu'en 1840 la littérature russe, et avec elle toute la jeunesse, se divisait en deux camps, celui des Zapadniki (amis de l'Occident) et celui des Slavophiles.

Je venais à ce moment de quitter l'université, mon esprit s'était formé à l'école de Biélinski [1],

---

[1]. Célèbre critique russe et l'ami de Tourgueneff.

et tout naturellement je m'enrôlai dans le camp des *Zapadniki*. Mais au lieu de me joindre à la majorité de ce parti, qui s'était imposé la mission de vulgariser les données de la philosophie allemande qui exerçait seule alors une influence sur la littérature, j'entrai dans le petit cercle obscur et encore inconnu qui tournait instinctivement des regards vers la France et attendait d'elle la lumière. Assurément ce n'était pas la France de Louis-Philippe et de Guizot qui nous fascinait, mais la France de Saint-Simon, de Cabet, de Fourier, de Louis Blanc, et surtout la France de George Sand !

Il émanait de cette France la foi en l'humanité et la confiance que l'âge d'or n'était point derrière nous, mais en avant... En un mot, toutes les aspirations vers ce qui est grand et généreux, et l'amour débordant pour tout ce qui est humain nous venaient d'elle.

De fait nous vivions en Russie ou plutôt à Saint-Pétersbourg ; c'est là que nous vaquions à nos occupations, que nous écrivions des lettres à nos parents en province, que nous fréquentions les restaurants et le plus souvent les gargotes, et que nous nous réunissions pour causer — mais notre vraie vie, notre vie intellectuelle et morale se passait réellement en France.

La Russie représentait à nos yeux une région plongée dans un épais brouillard, où tout devenait compliqué, où même une chose si simple que la publication d'un « Recueil de proverbes russes » semblait une entreprise étrange et suspecte, qu'on voyait de mauvais œil. Mais la France nous apparaissait claire comme le jour, en dépit des coups de ciseaux et des pâtés d'encre, que la censure infligeait aux journaux qui nous venaient de l'étranger.

L'épisode le plus insignifiant de la vie politique et sociale de la France nous touchait au vif, nous apportait une joie ou une douleur. Il nous semblait que tout était fini en Russie, que notre vie politique et sociale avait été mise sous pli, scellée de cinq cachets, et jetée à la poste, en l'adressant à un destinataire qu'on se promettait bien de ne point trouver. En France, au contraire, tout semblait commencer, et ce commencement semblait se continuer depuis près d'un demi-siècle ; maintenant tout fermentait de nouveau, tout commençait et recommençait en promettant de progresser sans fin...

Je suis certain que sur cent d'entre nous quatre-vingt-dix-neuf, au moins, n'ont jamais mis les pieds en France ni à Paris. Ce n'étaient donc pas les boulevards et leurs horizontales, qu'on appelait à cette époque des lorettes, ni les bals publics et les cafés qui avaient le pouvoir de nous ensorceler. Ce n'est que plus tard que ces plaisirs sont devenus les attractions de Paris, depuis que Bonaparte avec sa troupe de bandits a foulé la France aux pieds et l'a contaminée jusqu'à la moelle. Alors les hommes ont cessé d'être des hommes, ils se sont ratatinés, ils ont vécu pour leur bouche, et tout intérêt d'un ordre plus élevé a été banni comme menaçant la paix de l'État.

Mais si nos cœurs restaient indifférents aux séductions d'un *Chateaubriand* ou d'une *barbue sauce Mornay*, en revanche nous ne pouvions penser, sans un doux frisson, aux immortels principes de 89 et aux grands événements qui en sont sortis. Et comme Paris est la patrie de ces principes, il est facile de comprendre que notre sympathie pour ces grandes idées débordait sur la ville qui les a fait naître.

Notre enthousiasme fut à son comble en 1848. Nous suivions avec une émotion palpitante les dernières années du règne de Louis-Philippe, et nous ne nous lassions pas de relire avec transports l'*Histoire de dix ans* de Louis-Blanc.

Aujourd'hui nous sommes devenus moins exigeants, nous nous contenterions volontiers d'un Guizot, mais à cette époque Louis-Philippe, Guizot, Duchatel et Thiers étaient pour nous des ennemis personnels, leurs succès nous mettaient en fureur, et les échecs qu'ils subissaient nous jetaient dans la jubilation ; en un mot ils nous semblaient plus dangereux que nos propres petits tyranneaux. Le procès du ministre Teste, l'agitation en faveur de la réforme électorale, les discours présomptueux de Guizot, cette chambre composée de députés qui se disaient effrontément « des conservateurs endurcis, » les banquets de février, tous ces événements sont présents à ma mémoire, comme s'ils s'étaient passés hier.

Je me rappelle que, pendant le carnaval de 1848, j'assistais à une matinée à l'opéra italien de Saint-Pétersbourg, lorsque tout à coup, comme une étincelle électrique, courut dans le public la nouvelle que le ministère Guizot venait de tomber. Un vague sentiment d'émotion s'empara de tout le monde, oui, de tout le monde, sans exception, car si les opinions les plus opposées se trouvaient représentées dans cette nombreuse réunion d'hommes, il ne s'en trouva pas un seul qui montra cette indifférence de ruminant, qui est devenue, sous un régime de contrainte, le signe distinctif des classes cultivées en Russie.

Ce jour là, les vieux accueillirent cette nouvelle en roulant des yeux menaçants, et, tout en faisant sonner leurs épées, ils relevaient énergiquement leurs moustaches, tandis que les jeunes pouvaient à peine contenir les transports de leur joie.

Je me rappelle encore qu'avant la fin de la représentation on annonçait déjà la chute du ministère de Thiers. Les nouvelles de ce genre parvenaient irrégulièrement au public russe, et on se les répétait tout bas. Deux ou trois jours plus tard nous apprenions déjà la chute de la régence et l'impuissance du ministère Odilon-Barrot. A propos, cet homme qui a passé toute sa vie à chercher un maître, a finalement réussi à servir Bonaparte !

Enfin nous savons que Louis-Philippe a pris la fuite. La République est proclamée, et à la tête de la République le gouvernement provisoire, les discours coulent comme d'une corne d'abondance... Même la prolixité déclamatoire de Lamartine n'a pas la puissance de nous lasser au milieu de cet effondrement général et de ces tentatives de reconstructions.

La grandeur du fait accompli détournait l'attention des détails disparates, et revêtait toutes choses d'un voile magique. La France nous semblait le pays des enchantements. Était-il possible pour quiconque sentait un jeune cœur battre dans sa poitrine, de ne pas être entraîné par cette force créatrice, inépuisable qui jaillissait de la France, cette force qui ne pouvait se contenir dans les limites tracées, mais qui brûlait de s'échapper et de se répandre au dehors et toujours plus loin....

Et en vérité nous avons été séduits, éblouis, entraînés, nous ne songions même pas à dissimuler nos transports aux regards des autorités toujours aux aguets. Aussi, dès que le mouvement se fut déclaré en France, un mouvement correspondant se fit sentir chez nous : les autorités établirent un comité secret ayant pour devoir spécial de veiller sur les écarts de la littérature russe. Voilà comment il se fait qu'après avoir publié une nouvelle au mois de mars, je me voyais déjà honoré au mois de mai d'une mission, qui me conduisait tout là-bas, à Viatka... Seulement si les choses n'allaient pas si vite chez nous qu'en France, en revanche elles s'accomplissaient d'une manière plus sûre et plus durable ; ainsi je ne suis rentré à Saint-Pétersbourg que sept ans et demi plus tard, lorsque la seconde république française appartenait déjà à l'histoire, et que chez nous l'armée avait échangé l'uniforme à queue d'hirondelle contre l'uniforme à longs pans.

La pensée russe à cette époque suivait une voie diamétralement opposée à celle qu'elle suit actuellement. Elle cherchait alors sa pâture dans des sphères éloignées et restait tout à fait indifférente à ce qui se passait autour d'elle. La destinée du ministre Baroche nous intéressait mille fois plus que la destinée de notre ministre Kleinmikhel ; le sort du préfet de police Maupas nous préoccupait beaucoup plus que celui de notre chef de police Tzinsky, dont le nom ne nous était guère connu que par les couplets d'une chansonnette. Le Russe de ce temps là s'était si bien habitué à s'entendre dire : « ça ne te regarde pas, » qu'il avait en réalité fini par ne plus prendre part à quoi que ce soit. Aussi la lutte électorale entre Cavaignac et Bonaparte passionnaît beaucoup plus les esprits en Russie, que le changement du ministre, le conseiller privé Pérovski, remplacé par le général de l'infanterie, Bibikof 1er.

Tel était l'état d'apathie dans lequel nous nous trouvions, quand survint la campagne de Crimée.

Ce fut une époque palpitante d'intérêt. Pour la première fois la patrie sortit des ténèbres dont on l'enveloppait et s'imposa à l'esprit de tous les Russes. Jusqu'ici elle se dérobait sous un filet de formalités habilement tressé de façon à ne point laisser percer la vérité. A ce moment ce réseau d'entraves surannées éclata. Et bientôt, entre les mailles déchirées, apparut aux yeux de tout le monde, sous ses lambeaux, l'image de la patrie gémissante et bléssée. La Russie d'un bout à l'autre s'emplit de plaintes.

Nos soldats à Sébastopol, à Inkermann, à l'Alma gémissaient ; les opoltchenzi (miliciens enrôlés pour la guerre de Crimée) pataugeaient pieds-nus dans la boue de nos grandes routes et gémissaient ; les villages entiers qui voyaient partir leurs fils, leurs maris et leurs frères pour arracher, au prix de leur vie, « les fameuses clés » gémissaient.

Il était impossible de rester indifférent à ces plaintes et de ne pas sentir que c'était son sang, sa patrie qui se lamentait. Cependant l'image rayonnante de la France n'en fut pas obscurcie à nos yeux. Il nous semblait — et nous ne nous trompions pas — que la cause de tous ces malheurs n'était pas la France, mais Bonaparte, lui seul, le plus vil de tous les bandits qui ont jamais souillé la terre de leur présence ; lui seul était coupable, lui, le parjure, l'exécré, le méprisé, prospère quand même et content de soi, lui et sa bande de brigands, qui lui a aidé à égorger la France. A ses pieds rampait le troupeau humain frappé de terreur, tandis qu'en masse, l'élite des Français se mourait dans l'exil ou la déportation. C'est vers cette élite que nos cœurs s'élançaient. Et si nous n'avions pas confondu la France avec Louis-Philippe, à plus forte raison nous ne l'avons pas confondue avec Bonaparte et sa bande.

La France s'offrait à nos regards terrassée, mais non pas souillée, elle continuait à luire sur nous en la personne de ses exilés.

Cependant Paris cessait, pour le moment, d'être le phare du monde ; il s'était transformé, il n'était plus qu'une galerie de nudités vivantes et l'Athènes de l'art culinaire.

Il ne fallait plus rien attendre de lui, il ne pouvait plus donner au monde que la mode et la dernière coupe des pantalons. Il était inutile de lui demander autre chose. Il ne nous restait qu'une ressource, nous tourner vers notre propre patrie. C'est alors que prit naissance dans le cœur du Russe cultivé ce sentiment de la douleur humaine, qui le poursuit partout où il va.

En 1870 la France appelle de nouveau l'attention du monde entier, mais, entre elle et ceux qui l'aiment se tient encore l'ignoble bandit. Un dilemme douloureux se pose : si la France remporte la victoire, le bandit triomphe avec elle ; si c'est au contraire la Prusse qui a le dessus, quelles tortures n'infligera-t-elle pas à ce pays abhorré, qui pendant un demi siècle n'a cessé d'être un foyer de révolution !

Enfin le bandit est tombé. Pendant dix-huit années après avoir égorgé la France de ses propres mains, il a outragé son cadavre, et maintenant il appelle la Prusse pour achever son œuvre. Mais ce n'est pas encore assez pour lui : pour se venger de ces dix-huit années d'impunité, il laisse après lui un héritier direct dans cette bande organisée qui, à l'heure qu'il est, se montre toujours prête à dépecer la patrie d'un cœur léger.

CHAPITRE II

PARIS

J'ai visité Paris pour la première fois en automne 1875. Le trône était vide, mais tout près de lui était assis Mac-Mahon, qui s'efforçait de mitonner quelque chose.

Beaucoup de gens ont surnommé la France à ce moment une *Macmahonie*, c'est-à-dire un pays de caporaux postés en sentinelle devant le trône, qu'ils confondent avec la patrie, attendant les Bourbons, l'arme au bras. Le « qui vive » des caporaux fut le premier cri qui m'accueillit lorsque je posai le pied sur le sol français, à la station d'Avricourt, sur la ligne de Strasbourg. Les caporaux n'admettaient du côté des voyageurs ni lenteur, ni retard ; rien n'avait le pouvoir de les attendrir, ni le sexe, ni l'âge, ni la maladie. Ils menaient leur monde tambour battant avec une stupidité inexorable.

Celui qui se chargea de me maintenir dans la bonne voie était un caporal à poigne, à la Napoléon, comme on n'en trouve dans aucun autre pays. Un caporal russe aurait immanquablement commencé par bavarder avec vous, et par vous faire entendre que s'il vous bouscule un peu, ce n'est pas sa faute, mais que les autorités le veulent ainsi. Un caporal allemand aurait accepté un thaler et versé une larme de gratitude ; seul le caporal bonapartiste peut écarquiller des yeux implacables comme ceux d'une statue d'idole, et ne montrer qu'un désir, celui d'exercer sa cruauté.

Nous, qui dès notre berceau n'avions entendu parler que de l'urbanité française, nous ne pouvions en croire nos oreilles en écoutant ces cris des caporaux, et l'impression qu'ils produisirent sur nous fut déplorable. Notre indignation nous suggéra les idées les moins magnanimes. Nous nous disions malgré nous : Si en 1870 ces caporaux s'étaient montrés aussi implacables pour les Prussiens, qui sait... Et qui peut prédire ce qui aurait pu se passer... Le plus vraisemblable est de supposer que Bonaparte serait encore sur le trône et s'occuperait toujours du « couronnement de l'édifice », tandis qu'ainsi, sa place est occupée par Mac-Mahon qui fait des courbettes aux Prussiens, et crie aux passagers inoffensifs : — Les voyageurs, dehors !

Mais malgré tout, Paris m'a tout de suite pris le cœur.

C'est une ville propre, lumineuse, aux allures libres, et surtout exempte de cette misanthropie sans cause, et voisine de la migraine, qui s'attache avec persistance à tout étranger qui met les pieds à Berlin.

L'homme le plus ennuyé, le plus malade, recouvrera la bonne humeur et le contentement d'esprit, dès qu'il se sentira dans les rues de Paris, et surtout sur ses boulevards vraiment féériques.

Oui, l'étranger que le train du matin a jeté dans les rues de Paris, bien qu'il soit tout seul, qu'il ne connaisse personne, qu'il soit privé de toutes relations, ne trouvera pas moyen de s'ennuyer.

Le soleil est gai, l'air est gai, les magasins, les restaurants, les jardins, même les rues, les places — tout est gai ! Je n'aurais jamais cru que la vue d'une grande place pût inspirer la gaieté. Mais je me suis aventuré sur la place de la Concorde et j'ai découvert que c'est possible. Qu'il est joyeux ce jardin des Tuileries tout grouillant d'enfants ! Et à droite, qu'elle est reposante cette masse de verdure au milieu de laquelle le quartier des Champs-Élysées s'étale comme sur un lit moelleux.

Quand vous aurez traversé le jardin des Tuileries, arrêtez-vous à l'emplacement du palais, et regardez dans la direction de l'Arc de l'Étoile. Je vous promets que vous ne pourrez plus détacher vos yeux de ce point de vue. Que d'espace ! que d'air ! que de lumière ! Et que ce tableau est harmonieusement combiné pour que l'étendue ne devienne pas un désert, n'écrase pas l'homme, mais éveille en lui l'énergie joyeuse de l'âme ! Le gai soleil fait couler ses chauds rayons sur le macadam des rues et joue encore plus harmonieusement dans les vitrines des restaurants et des magasins. A l'exception des Champs-Élysées, et de quelques hôtels de richards dans d'autres quartiers, il n'y a pas à Paris de maisons dont le rez-de-chaussée ne soit occupé par un restaurant ou un magasin.

Quelle quantité de marchandises les ateliers, les fabriques, les usines doivent fournir chaque jour pour remplir cette foule innombrable de magasins dont plusieurs sont aussi vastes que des palais ! Est-il besoin d'une autre garantie que ces marchandises ne resteront pas sur place, mais trouveront des acquéreurs.

Et ils ne se feront pas attendre — il n'y a pas à en douter. — Toute cette marchandise est disposée avec tant de bonheur, les vitrines sont éclairées d'une lumière si douce, que c'est plaisir d'acheter.

Une promenade dans les rues de Paris ne le

cède en rien, pour la variété, à une visite à l'Exposition.

Chaque vitrine présente une combinaison artistique de couleurs et de lignes qui répond aux exigences du goût le plus délicat.

A chaque pas, vous trouvez des objets dont vous ne soupçonniez pas la nécessité, mais que vous achèterez uniquement parce qu'ils vous sourient si gentiment! Et même plus tard, quand vous serez de nouveau enfoui dans votre trou, tout au fond de la Russie, leur vue réveillera en vous la gaieté, et vous aidera à supporter le joug de l'*ouriadnik* (nouveau fonctionnaire de la police institué pour surveiller les nihilistes).

Le marchand de Paris sait vous faire avec des cuillères de melchior, un soleil d'argent qui attire les regards du passant, à cinq cents mètres de distance.

Avec des chapeaux de forme cylindrique, il compose un tableau qui force le passant coiffé d'un chapeau de soie tout neuf, de porter la main à sa tête, et de se demander incontinent s'il ne ferait pas bien d'en acheter un nouveau.

A Paris, autour de vous, tout est élégant, léger, et surtout aimable. Il n'y a pas moyen pour l'ennui de pénétrer dans le cœur avant que les yeux soient rassasiés de tout ce luxe de la rue... Et quand vous en aurez assez, ce sera le tour des musées, des galeries, des jardins, des environs de

Paris qu'il faut voir aussi, parce que toutes ces choses sont intéressantes, belles et gaies. Elles ont encore un mérite, elles sont à la portée de tout le monde. Pour les voir, pas n'est besoin de recourir à des protections, de se livrer à des recherches fatigantes pour obtenir des cartes d'entrée par l'entremise de fonctionnaires, de leurs amis, ou de leurs parents, ou de leurs maîtresses.

Et les cris de la rue ! Nulle part ne retentissent des appels aussi naturels, aussi pittoresques que ceux qui remplissent Paris du matin au soir.

Les cris de Paris sont à eux seuls tout un poème, une ode à la production inépuisable de cet heureux pays, la France ! — Un poème donnant un cri caractéristique à chaque branche de cette production.

Tous ces cris sont originaux, frais, spontanés, — c'est peut-être pour cela que les enfants les aiment tant. Ils ont pris naissance aux quatre coins du pays, au fond de la Bretagne ou de l'Auvergne, et de là ont été transportés dans toute leur naïveté au milieu des rues de la capitale du monde. C'est ainsi qu'à côté du produit de telle province, on trouve à Paris le représentant vivant de ce pays, et on entend un air de sa musique locale.

Tous ces cris arrivent en vagues entre-croisées de tous les points et forment avec les lazzis des gavroches un ensemble harmonieux, et si joyeusement vivant, qu'il doit avoir une influence bienfaisante sur les mœurs des habitants... Mais ce n'est encore rien ! Figurez-vous qu'on voit des gens qui chantent la *Marseillaise*, et personne ne les reprend.

Les premières fois j'en ai été tout bouleversé. Je me suis bien gardé de chanter moi-même, mais je tremblais d'avoir à justifier ma présence dans un endroit où d'autres chantaient la *Marseillaise*. Mais il paraît qu'ici tout se passe au rebours de notre proverbe qui dit : « ce qui est bon pour le Russe est la mort pour l'étranger ! » Le Français chante la *Marseillaise* et s'en porte mieux, tandis que pour nous c'est la mort.

C'est du moins ce que m'a expliqué un gardien de la paix que j'ai questionné à ce sujet :

— Si vous passez quelque temps chez nous, m'a-t-il dit, vous vous y habituerez.

Et en effet... au bout de quelques jours passés à Paris j'ai essayé moi-même de chanter : « Allons, enfants »... d'abord cela m'a chatouillé le gosier, mais peu à peu je m'y suis fait.

Ce qui est plus étonnant encore, c'est que j'ai rencontré ici plusieurs Russes, des conseillers-privés, et, ma foi, j'ai vu leurs lèvres remuer et répéter en imitant le son des trompettes :

Contrrrre nous de la tyrrrrrrannie...

Et imaginez-vous que cela s'est passé sans avoir aucune suite pour nous... Il y a quelques jours, en arrivant à Saint-Pétersbourg, j'ai rencontré un

8

de ces conseillers-privés sur la Perspective de Nevski, et, tout d'abord, je me suis informé s'il n'avait rien eu à souffrir à cause de sa conduite à Paris.

— Eh! Votre Excellence, n'avez-vous pas encore eu à vous expliquer au sujet de la *Marseillaise ?*

— Mais, non, figurez-vous… on n'y a fait aucune attention.

— Et à moi non plus! Quel miracle!

Là-dessus nous nous sommes embrassés de joie, et nous n'avons plus jamais fait allusion à cela.

Le soir, tout Paris étincelle de clartés, et les boulevards et les rues principales bourdonnent comme un essaim d'abeilles.

Rien de plus amusant à voir que Paris, entre huit heures et minuit. C'est le moment où la foule des travailleurs de tous métiers se déversent dans les grandes voies pour remplir les théâtres, les restaurants, les débits de vin… C'est un vrai raoût de la rue, gai, beau et vibrant! Il va sans dire que s'ennuyer à cette heure, est une chose impossible.

Les théâtres ne se peuvent compter, et il faut les voir tous.

Les Français se plaignent eux-mêmes de la décadence de l'art dramatique, mais ce qui importe à l'étranger c'est moins ce qu'on donne sur la scène, que la manière dont on le donne, et l'attitude du public.

A ce point de vue il est impossible de trouver ailleurs qu'à Paris un tel public. C'est précisément ce public nerveux et vif qui centuple la puissance d'un acteur, et sans lequel l'artiste parisien ne pourrait jamais arriver à donner deux cents représentations de la même pièce.

Je me souviens d'être arrivé à Paris, encore souffrant après une grave maladie, et je me suis remis tout d'un coup miraculeusement. Je flânais toute la journée sur les boulevards sans ressentir aucune fatigue. Un jour, je me trouvai nez à nez avec un médecin russe de mes amis, qui était phthisique au dernier degré — il mourut à Nice trois mois plus tard.

— Comment! vous ici? m'écriai-je en l'apercevant.

— Oui, comme vous voyez, je me promène...

— Mais, est-ce prudent? Ne feriez-vous pas mieux de rester chez vous et de prendre des potions?

— C'est plus fort que moi, mon cher, la rue me fascine.

Et il avait raison: les rues de Paris sont fascinantes et plus salutaires que toutes les potions du monde; aux mécontents elles versent la paix de l'âme, aux malades elles rendent la santé. Et, je n'en ai aucun doute, ce miracle n'est pas produit par Notre-Dame de Lourdes; mais exclusivement par les rues joyeuses de Paris.

A Paris tout le monde vit dans la rue, sans parler des étrangers et des provinciaux qui ne la quittent, à la lettre, que pour se coucher. Le Parisien pur-sang semble à première vue être voué exclusivement à la flânerie ; mais en réalité on ne trouvera nulle part un travailleur aussi zélé, et dont le travail soit aussi productif et avantageux que celui de ce même Parisien.

L'Allemand travaille aussi avec zèle, mais il a toujours l'air de tresser des cordes tout en dormant, tandis que l'ouvrage fond sous les doigts du Parisien. Son activité rappelle un peu celle de notre paysan au moment de la moisson, mais celui-ci a l'air d'être un martyr de son travail, tandis que le Parisien, au contraire, travaille autant, mais toujours avec bonne humeur. Il ne semble jamais fatigué.

Il suffit de voir à l'œuvre les garçons d'hôtel, pour comprendre que d'ouvrage peut abattre un homme seul, sans perdre courage.

J'habitais un petit hôtel de cinq étages où il y avait vingt-cinq chambres, et nous n'avions qu'un garçon pour tout l'hôtel. Avant huit heures du matin, il avait ciré toutes les bottes de la maison et brossé toutes les robes et tous les habits. A partir de huit heures, il volait à tous les étages, portant le café au lait ou le chocolat dans les chambres, et il servait le dîner à quelques voyageurs. Je renonce à compter combien de fois dans la journée il grimpait du rez-de-chaussée, où se trouvaient le bureau et la cuisine, au cinquième étage, et du matin au soir on n'entendait que ce cri:

— Émile !

Et tout de suite une voix répondait d'en bas :

— Voilà ! voilà !

Et à côté de son service, ce jeune homme trouvait moyen de faire les commissions de ces messieurs en « faisant un tour. » Il ne m'est jamais arrivé de le voir maussade ou excédé. Quant à sa sobriété elle est à l'abri de tout soupçon. Jamais un homme, le moins du monde intempérant, ne pourrait déployer une pareille activité.

Enfin si l'on ne peut pas encore dire que le Parisien a résolu dans la pratique le problème du travail attrayant, et prouvé que ce n'est pas une utopie, en tout cas, on peut affirmer que jamais le travail ne le prendra au dépourvu.

Il est vrai que, lorsqu'il a un moment de loisir, il sait en profiter, et se livre tout entier à la gaîté la plus insouciante.

On peut dire que trois choses remplissent la vie du travailleur parisien : le travail, le plaisir et de temps en temps... la révolution.

Il fait ces trois choses très vite, très adroitement, et avec beaucoup de bon sens.

Voilà peut-être aussi comment chaque fois qu'un étranger arrive à Paris il lui semble que : « Tiens, tiens, cela va commencer ! »

8.

CHAPITRE III

ENTREVUE FANTASTIQUE AVEC M. L...

Après avoir fait ample connaissance avec les rues de Paris, il eût été impardonnable de ne pas jeter un coup d'œil dans l'atelier où se forgent les destinées politiques et gouvernementales de la France. J'accomplis ce pèlerinage au printemps de 1876. La Chambre siégeait encore à Versailles, et la question à l'ordre du jour était celle de l'amnistie.

Je fis très gaiement la route de Paris à Versailles. D'abord, tout le long du chemin, j'admirai des sites gracieux, resplendissants de verdure ; ensuite j'avais eu la chance de tomber dans un wagon rempli de *gauchers* et de *centre-gauchers*. Presque tous déclaraient à l'unanimité que l'amnistie était non seulement un acte de justice, mais encore un acte très opportun ; qu'après cinq années de paix intérieure incontestable, il serait de bonne politique de couronner l'œuvre de pacification en passant l'éponge sur les troubles de la guerre civile. Après avoir développé ce thème à satiété, les députés, comme s'ils agissaient tous selon un mot d'ordre, portèrent l'un après l'autre l'index vers le nez et s'écrièrent : « Mais ! » puis se turent d'un air grave.

J'avoue que ce *mais* énigmatique me surprit désagréablement. Je me disais que, si ces messieurs pensaient sincèrement que l'amnistie fût un acte de justice, etc., etc... », ils feraient immédiatement décréter : « considérant que les susdits communards » etc., etc., etc., au lieu de cette déclaration ils poussent un... *mais !*

Je le répète, au premier moment je fus très contrarié, et je me disposais à faire part à ces messieurs de mon mécontentement, lorsque je me rappelai tout à coup que ce petit mot, *mais !*... remplace en français notre dicton russe : « les oreilles ne dépassent pas le front. » Cette découverte me jeta dans un tel transport de joie que je fus incapable de la contenir, et j'éprouvai le besoin de la communiquer à mon voisin, qui n'était autre que M. L..., écrivain d'un certain mérite, et actuellement sénateur et clérical pudibond.

M. L... confirma cette découverte, et après m'avoir félicité de posséder en russe un adage aussi sensé, il me dit qu'en français ces vieux dictons forment un code spécial qu'on a surnommé : « la sagesse des nations. »

Au bout d'une minute tous les voyageurs savaient déjà qu'il se trouvait au milieu d'eux un journaliste russe dont « les oreilles ne dépassaient pas le front ; » et tous me félicitèrent d'avoir si bien compris la sagesse des nations.

Comme je peux dire, sans me vanter, que je ne suis pas un niais, je compris d'emblée combien il serait intéressant de faire un bout de causette avec M. L... Il est déjà revenu de bien des erreurs, et si je le menace, en invoquant à l'appui la sagesse des nations, qui sait si je ne réussirai pas à le ramener tout à fait sur le chemin étroit de la vérité ?

Aussitôt arrivé à Versailles, je m'empressai d'offrir mon bras à M. L... et je l'emmenai à l'hôtel des Réservoirs [1].

— Monsieur le sénateur ! un verre de champagne... c'est moi qui paie.

— Avec plaisir, répondit-il, et son visage exprima la vive satisfaction que lui causait cette invitation à déjeuner.

J'ai remarqué chez le bourgeois français deux

[1]. *Note de l'auteur.* Il va sans dire, que la scène suivante est de pure fantaisie.

traits caractéristiques : premièrement, il blasphème volontiers en public, mais en secret il reste toujours dévot, et, si personne ne le voit, il fera volontiers son petit signe de croix et dira le *benedicite* avant le repas.

Je suppose qu'il doit se tenir le raisonnement suivant : « Croire ; non, je ne crois pas, je ne le peux pas, Voltaire me l'a défendu ; mais, si l'occasion se présente, pourquoi me refuser à faire un signe de croix et à dire une petite prière... cela ne fait mal ni à la main ni à la tête... ». Secondement, le bourgeois ne craint pas de faire un peu bombance, mais à condition que cela coûte le moins cher possible...

M. L... se conforma entièrement à ce programme : D'abord il se tourna vers la fenêtre et fit semblant de regarder la rue, mais j'ai très bien vu qu'il s'est signé le nombril avec les cinq doigts. Ensuite, quand on eût servi le gigot de pré-salé, se rappelant que c'est moi qui paie l'écot, il engloutit son morceau d'une bouchée, puis se mit à ramasser la sauce avec le couteau, et enfin il torcha son assiette avec du pain. Lorsqu'il eut fini, il plongea sur son assiette des regards avides. Ces manières me surprirent beaucoup.

— Pourquoi vous donnez-vous tant de peine ? monsieur le sénateur ? lui dis-je, on dirait que vous voulez manger votre assiette ? Si vous avez faim, je demanderai encore une portion ?

Alors à ma stupéfaction il me répondit :

— Oh! non, j'ai bien assez mangé... Ce n'est pas par rapacité que je fais cela, mais tout bonnement, par principe, parce que c'est le seul moyen d'arriver à « l'accumulation des richesses. »

Quel homme étrange !

Quand la bouteille de champagne fut vidée, la langue de L... se délia, et il se mit à dire des choses qui me prouvèrent une fois de plus quel mélange d'idées justes et d'idées fausses on se fait en France sur ma patrie.

— Vous, Russes, cria L... vous êtes un peuple heureux (une idée juste) : — Vous sentez sous vos pieds un terrain solide (encore une idée juste) et ce terrain solide s'appelle dans votre langue pittoresque *katorga* (le bagne)... (une idée imprévue et tout à fait faussée).

— Permettez, cher sénateur! m'écriai-je en l'interrompant, c'est sans doute un fumiste russe qui vous a déclaré, pour se moquer de vous, qu'en Russie nous étions tous destinés au bagne. C'est tout à fait faux. Le bagne est exclusivement réservé, chez nous, à ceux qui n'observent pas les ordonnances des autorités. Par exemple, si le règlement ne permet pas de fumer dans la rue et que je fume, — j'irai au bagne! S'il est défendu de pêcher dans l'étang du jardin public et que j'y jette ma ligne, — au bagne...

— Cependant !

— C'est raide ! mais on repose ainsi sur des bases solides.

— Je vous remercie pour l'explication... Mais je vois que mon idée est juste... En effet, vous, Russes, vous êtes heureux parce que vous avez devant vous un état de choses tout à fait stable : — Celui qui a mérité le bagne reçoit le bagne, celui qui a mérité des honneurs aura des honneurs en partage... Mais que peut-on dire d'un pays où l'on ne voit pas clair devant soi ?

— Comment, L... est-ce que vous en seriez là chez vous ?

Il haussa les épaules pour toute réponse. J'insistai.

— Je vous en prie, dites-moi toute votre pensée là dessus ?

— C'est bien simple. Il n'y a pas un seul Français qui puisse se dire avec assurance, en allant se coucher, que le lendemain matin il ne sera pas fusillé comme les autres.

— A mes yeux, c'est une crainte salutaire, rien de plus !

— Oh ! pardon !

— Écoutez-moi, mon ami ! Vous autres, Français, vous êtes un peuple léger. Le gouvernement doit donc posséder un moyen quelconque de neutraliser cette légèreté.

— En principe, je suis de votre avis... mais...

— Pas de mais, mon ami... Parlons en toute

franchise. Vous vous plaignez de vous sentir exposé à être fusillé à tout moment? Très bien. Supposons même que vos appréhensions soient justifiées, cependant vous devez reconnaître que cette fusillade ne peut se faire qu'avec l'autorisation de Mac-Mahon. Eh bien, avouez-moi, sans réticences, est-ce que le maréchal-président se résoudrait à un acte aussi sérieux, si vous ne l'aviez pas mérité par votre conduite insensée?

Pour toute réponse L... baissa la tête.

— Vous ne répondez pas? Tant mieux. Continuons! Suivez bien mon raisonnement. Mac-Mahon est incontestablement un excellent homme, mais il n'est pas un ange! Tous les jours, presque à toutes les heures, vous lui faites comprendre indirectement par vos journaux qu'il est un imbécile!... Je vous le demande, est-ce raisonnable?... Eh bien, il viendra un jour où il perdra patience, et alors...

— Et il fera bien!

— Je suis très heureux de vous voir venir de vous-même à cette excellente conclusion. Mais laissez-moi continuer: Chez nous, en Russie, si vous n'avez rien fait personnellement, on vous dit: aimez, dansez et chantez... Chez vous, en France, pour ces trois innocentes choses, vous risquez tout à coup d'être jetés au bagne avec les autres! Comprenez-vous maintenant combien ma patrie est plus avancée que la vôtre?...

Je prononçai ces paroles d'un ton sévère, mais pour ne point effaroucher mon interlocuteur, je m'efforçai d'adoucir ma sentence en ajoutant :

— Si nous faisions sauter encore un bouchon ? C'est moi qui vous invite ? Qu'en dites-vous ?

On apporta une nouvelle bouteille de champagne. L... remplit un verre et le vida d'un trait. Je repris.

— Dites-moi, L... n'êtes-vous pas clérical ?

— Hum... c'est-à-dire...

Il marmotta quelque chose, devint tout rouge, et se mit à regarder par la fenêtre.

J'ai remarqué souvent que rien n'est si désagréable à un bourgeois que de s'entendre appeler clérical, à bout portant ?

— Cependant, continuai-je, sans me décourager, je crois que les serviteurs de l'autel sont ce qui vous intéresse le plus ? Ce sont eux que vous protégez de préférence ?... n'est-il pas vrai ?

— C'est-à-dire, mais comment puis-je vous expliquer... sans doute, les serviteurs de l'autel... L'autel !... mais j'espère que c'est assez crâne !...

— Maintenant, parlons de Dieu ?... Aimez-vous Dieu ? L... baissa de nouveau la tête.

Je revins à la charge :

— Il faut aimer Dieu, mon ami ! Il faut aimer les serviteurs de l'autel par amour de l'ordre, et aimer Dieu pour lui-même.

Il se taisait, devenu morne tout à coup.

— Dieu, c'est le tzar des cieux? n'est-ce pas, L...

Il ne répondait toujours pas. Cependant je démêlais qu'au fond de son âme il se repentait déjà, et pour passer à un autre sujet, je lui donnai une tape sur les genoux, en m'écriant :

— J'ai découvert encore un défaut chez vous Français : Il n'y a pas plus d'une heure, tout le temps que nous étions en wagon vous n'avez pas cessé de rabâcher sur tous les tons, la constitution ! la constitution !... A quoi bon, je vous en prie ?

— Saperlotte !

— Je vois bien que vous ne pouvez pas vivre sans la constitution... Sans doute, si Dieu vous envoie cette croix il faut la porter avec patience !... mais pourquoi en parler toujours ?

— Convenez, pourtant, qu'il est impossible de ne pas prononcer son nom, lorsque nous nous occupons, depuis 89, à bien formuler... la chose...

— Je le sais, je le sais parfaitement... Eh bien, chez nous, nous disons à la place : illusions? *e finita la comedia!* Et laquelle de ces deux dénominations rend le mieux l'idée, selon vous ?

Cette découverte jeta L... dans le ravissement, il ne put contenir sa gaieté et se tint les côtes à force de rire :

— « Illusions ! » ha ! ha ! disait-il, en riant à gorge déployée... parfait, surtout si cela veut dire des illusions perdues!... ha! ha! ha!...

— Eh bien, vous voyez? Vous nous considérez toujours, nous autres Russes, comme les ours du nord, et vous voyez à quelle précision notre langage est arrivé?

— C'est étonnant! étonnant!

— Tandis que vous, Français, vous êtes toujours à crier *cette chose* au coin de toutes les rues... Croyez-vous que Mac-Mahon soit content qu'on vienne à chaque heure lui faire ingurgiter à petites cuillerées la constitution!... Mais un ange en personne perdrait patience à sa place!

— C'est vrai! c'est vrai!...

— Eh bien! j'ai une proposition à vous faire, mon ami! Promettez-moi de ne plus prononcer dorénavant ce mot de constitution... laissez ce soin à Gambetta... Mais vous et moi faisons la conspiration du silence.

— Charmant! Mon cher Russe, vous êtes adorable!

— Non, non, non, n'espérez pas m'amadouer par ces gentillesses.... Me donnez-vous votre parole, oui ou non?

— Excellent! parfait! Vive Henri Cinq!... Il est vrai que c'est un figuier!... Je le tiens de Mlle C............ Bah!...

M. L... avait évidemment envie d'exhaler quelques plaintes contre Chambord, à propos de guier, mais le champagne produisait déjà ses effets : mon interlocuteur commença à dodeliner un peu, et se laissant choir dans un fauteuil il s'endormit.

Dès que je m'en aperçus, une folle idée me traversa la cervelle, je pris la résolution de m'esquiver en tapinois de l'hôtel des Réservoirs, et je décidai que si l'on me courait après, je dirais que c'est à M. L... de payer l'addition.

Aussitôt dit, aussitôt fait.

CHAPITRE IV

A LA CHAMBRE

Je me dirigeai vers la Chambre, et j'étais doublement content. D'abord j'avais réussi à convertir aux idées ultra-conservatrices un sénateur de la République Française ; pouvait-on amorcer un plus beau poisson ! Puis j'avais su mener toute l'affaire sans bourse délier, j'avais même trouvé moyen de déjeuner copieusement aux frais de mon prosélyte.

Je me représentais quels yeux ferait mon sénateur en trouvant l'addition sur son assiette, à son réveil ! S'il m'intente un procès, me disais-je, n'aurai-je pas pour moi « la sagesse des nations » ? En un mot, j'étais de belle humeur.

Lorsque je pris place à la tribune des journalistes étrangers, Clémenceau avait déjà la parole.

Il dévidait d'une langue de coton un discours filamenteux, qui ne dura pas moins de trois heures, et les périodes en se succédant ne laissaient chez ses auditeurs qu'une même impression, qui peut se traduire par ces mots :

— Va, mon cher orateur, je ne me laisserai pas prendre à tes tartines.

Si le matin, en allant à Versailles, je doutais du succès de l'amnistie, en écoutant Clémenceau je sentis qu'elle était perdue. Il se tenait à la tribune, tout droit, content de lui, et entouré d'une montagne de livres et d'in-folios ; il ouvrait tantôt un volume, tantôt un autre, et semblable à une couveuse pleine de sollicitude pour ses poussins, il becquetait citation après citation et l'offrait délicatement en pâtée aux becs avidement ouverts devant lui.

Derrière l'orateur était assis le président de la chambre, M. Grévy, qui, tout en jetant des regards sévères aux bonapartistes, tendait d'un geste étudié la main vers la clochette chaque fois que les deux Cassagnac, père et fils, commençaient à hurler.

En face de l'orateur se tenaient les ministres Buffet, Decaze et les autres collaborateurs de Mac-Mahon ; leurs physionomies impassibles semblaient dire : tu auras beau nous casser du bois sur la tête, tu ne nous ébranleras pas.

Derrière les ministres, des deux côtés, siégeaient les députés. On remarquait, parmi ceux de la droite, Cassagnac père. A gauche se trouvait Gambetta qui menait ensemble « la gauche » et « l'union républicaine » comme un chef d'orchestre ses musiciens. Je le répète, j'ai trouvé que Clémenceau avait un langage vulgaire, sans couleur et fade ; d'ailleurs parler pendant trois heures, en ces circonstances, était une idée malheureuse. La cause qu'il plaidait ne pouvait triompher que défendue par un orateur assez puissant pour enlever toute la Chambre et noyer les hésitations des timides dans un élan général d'enthousiasme. Je ne sais pas s'il se trouvait, à ce moment, dans toute la Chambre, un orateur de cette force, et même s'il se fût présenté, je doute qu'il eût réussi à pénétrer la peau de pachyderme de ces bourgeois envoyés à la Chambre par le fameux scrutin d'arrondissement, si bien fait pour favoriser l'élément local.

Au reste voici mon idée là-dessus : les vrais orateurs, ainsi que les vrais satiriques, ceux qui savent enflammer les cœurs, n'apparaissent que dans les pays qui ont longtemps subi le joug d'un esclavage quelconque, d'une dictature, ou le régime des lettres de cachet, etc., etc... Sous l'empire de ces fléaux, les cœurs s'emplissent de colère, de douleur, de fiel, et d'un besoin irrésistible de rompre la digue des infamies qui torture l'existence. Le plus souvent la victoire reste à l'oppresseur, et ceux qui ont élevé la voix pour protester, se consument eux-mêmes dans la lutte où leur carrière se termine par la déportation. Mais il arrive aussi parfois que l'oppresseur faiblit, et que la digue s'écroule avec tonnerre et fracas. Alors les orateurs semblent sortir de terre.

Ce phénomène s'est produit en France pendant la Grande Révolution. Que de griefs accumulés ! le servage, la désorganisation économique générale du pays, les concussions sans nombre.... Et voilà que tout à coup apparaît Mirabeau, et à sa suite, comme d'une corne d'abondance coulent : Danton, Saint-Just, Camille Desmoulins............

Quelle masse d'oppression la France a dû accumuler pour offrir au monde entier le spectacle de cette lave de passion, d'amertume, d'exaspération que les lèvres de ces hommes ont versée.

Mais les hommes heureux, ceux qui n'ont pas souffert, ne savent pas enflammer les cœurs, et ils se contentent de dévider du coton dans leurs discours.

Un avocat qui n'a pas reçu des arrhes défendra son client avec bien plus de feu, que son confrère qui a déjà touché la moitié de la somme convenue, et s'est assuré une bonne garantie pour le reste. Dans le plaidoyer du premier, on sentira le besoin de plaire à son client et de le charmer, pour qu'en retour du zèle, qu'on met à défendre ses intérêts, il tienne de son côté ses engagements. Tous ces sentiments communiquent au discours une chaleur et une émotion qui ne peuvent manquer de toucher le juge, pour peu qu'il soit humain. Dans les phrases de l'avocat payé d'avance on n'entend clairement qu'une chose : « j'ai reçu mes honoraires ».

J'ai remarqué que ce même fait se reproduit à la Chambre. Les orateurs montent à la tribune et prononcent un discours. Mais ce n'est point parce que la parole, comme un torrent longtemps contenu, cherche d'elle-même une issue, non, c'est tout bonnement parce que ce député appartient à telle ou telle coterie politique, et qu'il est obligé de défendre l'honneur de son drapeau.

Le foyer intérieur d'où le feu de la parole devrait jaillir est, sinon tout à fait éteint, du moins très peu nourri au dedans, sans être avivé du dehors.

Oratores fiunt — cet aphorisme latin est très juste. Oui, les Démosthènes, les Mirabeau, les Desmoulins, les Danton, *nascuntur*, mais les Cicéron, les Thiers, les Gambetta, les Clémenceau, et quelques langues bien pendues de la Russie, *fiunt*.

L'orateur politique moderne s'est trop épaissi, empâté, et son auditoire aussi s'est alourdi. Le premier a perdu le pouvoir d'enflammer, et le second la faculté de se laisser enlever. Quand il s'agit de discuter des intérêts matériels comme les impôts, les droits d'entrée, les constructions de chemin de fer, ces hommes peuvent encore se sentir remués et pousser un cri de douleur sincère ; mais dans la sphère des idées, ils ne font que servir le drapeau politique à l'ombre duquel le sort et parfois l'intérêt les a placés.

Je sais bien qu'on prétend que c'est une bonne chose, qu'il est temps de descendre des sphères supra-célestes, et de tourner ses regards vers la terre, afin de s'y ménager une bonne petite vie paisible. Eh bien, il me semble que nous ne pourrons nous assurer une bonne petite vie paisible sur cette terre, que lorsque nous aurons tout mis en bon ordre dans les sphères supra-célestes. Sans doute c'est un peu, comme on dit, « mettre la charrue devant les bœufs », mais comment voulez-vous l'empêcher, puisque si nous remontons aux origines nous voyons que du chaos sont sorties les autorités, tandis que les citoyens ne sont venus qu'après, pour la décoration... Je tiens pour prouvé qu'il ne faut jamais perdre de vue ce fait capital, car si nous ne mettons pas tout en bon ordre dans les sphères supra-célestes, le général-major Déterminé viendra nous disperser à son bon plaisir, et tous nos efforts pour nous procurer un bon petit coin paisible sur cette terre, seront perdus sans retour.

Enfin, comme je l'ai déjà dit, la France avait à nos yeux une signification particulière, c'était un flambeau qui répandait la lumière *coram hominibus*. Nous avions le cœur serré en voyant sa clarté s'obscurcir. Il faut avouer qu'il n'est pas agréable ni artistique de trouver à la place où rayonnait un phare splendide un gros épicier qui se rengorge.

Enfin, si peu entraînant que fût le discours de Clémenceau, et bien que la Chambre n'eût pas attiré mes sympathies, je ne pus m'empêcher de m'écrier en sortant :

— Ah ! si nous avions au moins quelque chose de semblable chez nous !

Que voulez-vous, nous autres Russes, nous sommes d'un naturel si curieux, que nous ne pouvons voir un fétu dans l'œil d'autrui sans souhaiter d'en avoir autant. Et nous sommes tous les mêmes, jusqu'au conseiller privé Happe-Poule, qui m'ayant rencontré sur le boulevard, après avoir loué les institutions, a cédé au besoin de s'écrier à son tour :

— « Ici, c'est ce que j'appelle un gouvernement : Regardez avec quelles brosses il fait nettoyer les rues ! »

Et vraiment, pourquoi n'aurions-nous pas nos Clémenceaux, nos Cassagnacs, et nos Gambettas... Je sais bien que Clémenceau n'est pas écouté en France, il ne le serait pas davantage chez nous.... Alors que nous importe d'en avoir un ? Quant au tapage et à la confusion dont on se sert à la chambre pour distraire l'attention du public, ce n'est que pour la forme... N'avons-nous pas aussi nos querelles?... Où serait donc le danger d'avoir une Chambre?

Mais non, on aimerait mieux nous acheter un million de brosses pour nettoyer nos rues, que de nous permettre d'avoir un Gambetta.

Et voulez-vous savoir pourquoi Paris est si gai? C'est que là on peut tout voir, tout entendre, tout discuter, et même mentir à son aise... Nos cœurs russes eux-mêmes y débordent de joie, tandis qu'à la maison il n'y a rien à voir et pas moyen de donner de l'exercice à nos langues. Il est vrai que de temps en temps nous entendons parler chez nous d'une commission qui, à un endroit quelconque de l'empire, entreprend quelque chose !... Une vie semblable peut-elle être comparée à celle que mènent les Français, bien que chez eux la vie commence à prendre un caractère un peu épicier? Le Français a au moins le droit de se divertir aux dépens de Gambetta et de l'appeler « le gros Léon, » et nous n'avons pas même un Gambetta pour fiche de consolation...

Je revins de Versailles à Paris dans le train qui ramenait les députés. De nouveau ils déclarèrent tous qu'en principe Clémenceau avait raison, mais qu'il n'y a rien à faire quand « les oreilles ne dépassent pas le front » Et tous étaient de si belle humeur, d'une humeur si expansive, qu'ils commencèrent à affirmer tout haut, qu'après tout Mac-Mahon n'est pas aussi simple qu'il semble au premier abord.

Il était de mode en ce temps là d'appeler Mac-Mahon « une loyale épée, » mais on ajoutait que « loyale épée » était un euphémisme à travers lequel il fallait entendre un homme plus que naïf. En outre la presse du jour débattait en ce moment la question, comment s'expliquer cette naïveté : (toujours exprimée sous le nom de loyale épée) fallait-il la considérer comme une garantie, une sorte de constitution ou comme un péril ?

Assurément personne en France ne se soucie de connaître mon opinion ; si à mon grand étonnement quelqu'un l'avait sollicitée, j'aurais répondu : La naïveté présente d'une part un danger très-réel, mais d'un autre côté elle peut offrir certaines garanties ; en somme on peut se demander s'il ne serait pas malheureux qu'elle n'existât point !

Le danger de la naïveté vient de ce qu'elle possède à peu près les propriétés de l'eau, et que pour cette raison on peut tout attendre d'elle sauf une action consciente. Ainsi l'eau reflète indifféremment le ciel bleu et le ciel orageux, de même la naïveté réfléchit également la bonté et la ruse. Et comme il s'agit ici d'une naïveté autoritaire, qui peut être circonvenue par toute sorte d'ambitions cupides, on court plus de chance de rencontrer la ruse que la bonté.

Quant à la garantie que peut présenter la naïveté, elle consiste en ceci ; une personne simple non seulement ne possède pas la notion de sa responsabilité, mais tout le monde sait qu'elle ne saurait où la loger. Voilà pourquoi les hommes sans scrupules qui entourent un naïf savent qu'il doivent s'en servir avec une certaine réserve. Le brigand le plus hardi agira avec circonspection quand il devra s'allier à un naïf, il sait que ces sortes d'hommes n'offrent pas un appui solide. Il est rare qu'on prenne en haine une buche ; souvent même on plaint l'être incapable qui devient une arme insignifiante entre les mains de malfaiteurs. Les brigands le comprennent et n'osent pas se lancer, et les citoyens en rendent grâce à dieu en disant : « tant que nous aurons Mac-Mahon à notre tête, nous pouvons reposer en paix, comme sur le sein du Christ. »

Dans le cas particulier qui nous occupe, la question s'embrouillait singulièrement. Il fallait résoudre cette difficulté : Mac-Mahon n'est-il en réalité qu'un naïf ou bien est-il une nullité ? Il était important de s'en rendre compte, car si un naïf peut offrir encore quelques garanties un incapable est toujours dangereux.

L'idée du bien public est également étrangère aux deux, mais l'incapable a une idée nette de son bien personnel, qui devient le but de son existence. Au fond de cette idée personnelle, s'agitent les instincts les plus bas, et ce sont ces instincts qui ont le plus de prise sur l'homme ; ils le dominent si fortement, qu'il finit par confondre son propre bien avec le bien public et soumet le second au premier. Lorsqu'il a l'audace de vouloir faire passer cette exception dans les faits, le péril devient imminent, car le sot est très ingénieux quand il s'agit de défendre ses intérêts, et ne recule devant personne. S'il lui semble nécessaire de fusiller l'univers entier pour assurer son bonheur personnel, il n'hésitera pas à sacrifier l'univers entier. Si pour la même raison il lui semble opportun d'élever une tour de Babel, il viendra à bout de bâtir cette tour. Et si le but qu'il poursuit est simple, les moyens qu'il emploie pour y parvenir ne le sont pas moins.

C'est pourquoi pendant mon séjour à Paris en 1876 planait au dessus de Paris cette question palpitante : Qu'es-ce que c'est que Mac-Mahon ? Fusillera-t-il ou ne fusillera-t-il pas ?

En réalité Mac-Mahon n'était en effet qu'une « loyale épée » et rien de plus.

On raconte comme un fait avéré que tout était prêt, des régiments éprouvés avaient reçu l'ordre de disperser la Chambre au premier signal, et le carrosse doré attendait Chambord qui avait déjà fixé le jour de son entrée triomphante dans sa « bonne ville de Paris ».

Je comprends à quel point ces bruits devaient troubler le peuple français qui n'avait pas encore tout à fait oublié le passé.

Et vraiment il y avait de quoi se désespérer.

Comment! avoir fait quatre révolutions, une grande, deux moyennes et une petite, et en être encore à se demander si l'on n'en serait pas réduit à « pousser des cris d'allégresse » comme on dit en style officiel : Vive Henri V ! Vive le Roy !

Je reconnais qu'il y avait là de quoi faire jurer un saint. En vérité les Français avaient même peur de se communiquer leurs craintes, car ces bruits semblaient si fondés, qu'un seul mot maladroit aurait suffi pour déterminer l'explosion.

Au moment décisif Chambord recula. Il avait compris que la « loyale épée » de Mac-Mahon n'offrait pas une garantie suffisante pour fusiller d'importance cette « bonne ville de Paris ». Et Mac-Mahon de son côté n'insistait pas.

En outre Chambord et Mac-Mahon étaient embarrassés par ce fait que la Chambre, qu'ils devaient disperser pour commencer la Restauration, n'offrait aucun prétexte à leurs rigueurs.

Si la Chambre s'était montrée plus nerveuse, plus pénétrée d'un grand idéal, Chambord sans nul doute n'aurait pas hésité à sévir contre elle avec toutes les sévérités de la loi.... Malheureusement pour lui cette Chambre ne se composait que de dindons dont l'unique défaut était d'être trop malléables. Le Roy vacant fut contraint lui-même de se demander : — Mais pourquoi fusillerais-je ces innocents ?

J'admets qu'il se trouvait parmi eux un grand

coupable, Clémenceau ; et en outre une poignée d'une dizaine ou d'une vingtaine de délinquants qui avaient accompagnés son discours de « bravo !, très-bien ! » Mais en somme valait-il la peine de passer toute la Chambre au fil de l'épée pour ces quelques individus ?

D'ailleurs la Chambre serait la première à livrer avec plaisir Clémenceau et ses amis dès qu'on les lui demanderait. Puis une fois Clémenceau et ses complices fusillés que ferait-on aux autres qui avaient réponse à tout en répétant sans cesse ; « la république sans républicains ». Enfin Clémenceau lui-même s'était conduit en homme bien élevé, il n'avait pas été impertinent et n'avait menacé personne. Non, il fallait reconnaître qu'on ne pouvait plaider une cause plus modestement ; « si cela te plaît... tant mieux ; si cela ne te plaît pas... tant pis ! » Mais une telle plaidoirie serait admissible devant Chambord en personne !

CHAPITRE V

LES ODEURS DE PARIS ET LES ODEURS DE MOSCOU

Je suis revenu à Paris en automne 1879. J'y rentrais le cœur plein d'un sentiment de légitime orgueil : « la république s'est affermie, me disais-je, donc le gouvernement légal a triomphé... Mais à peine eus-je débarqué dans la capitale du monde que je fus révolté par une découverte inattendue : Paris empestait.

Déjà en été, à Ems, quand je me plaignais que cela ne sentait pas bon autour du casino, on me répondait : « Oh, ça ce n'est rien ; attendez d'être à Marienbad ou à Paris — c'est là qu'on peut dire que cela sent mauvais. »

Marienbad ! — l'humanité souffrante. Paris ! — l'humanité prospère. Deux phénomènes diamétralement opposés ayant un résultat identique, une odeur détestable ! Quelle riche antithèse, et que de pages brillantes Victor Hugo aurait pu écrire sur ce thème ? Pour moi, je dirai tout bonnement : les chemins par lesquels nous mène la Providence sont incompréhensibles !

En effet, arrivé à Paris en 1879, au mois d'août, j'ai pensé d'abord que le train m'avait déposé par mégarde à Moscou dans le quartier du marché à volailles. Là demeure aussi l'humanité prospère, et tout le monde sait que personne ne distille autant de gaz méphitiques qu'un homme heureux !

Depuis que je suis au monde, à peu près, je connais Moscou. Au temps où je râpais encore mes pantalons sur les bancs de l'école, Moscou était déjà une ville si prospère, que les odeurs les plus nauséabondes régnaient... en paix dans ses rues. Sur le boulevard de Twer se trouvait une quantité de petites boulangeries d'où s'exhalait jour et nuit un parfum de pain cuit ; et à côté une rangée de brasseries d'où l'on jetait, la conscience tranquille, tous les restes dans la rue. Des marchands ambulants offraient aux passants leurs gâteaux tout chauds... et toutes ces diverses marchandises sentaient aussi mauvais que leurs marchands. Sous ce rapport les auberges de « Paris » et de « Rome » ne restaient pas en arrière. Leur clientèle se composait de négociants et de voyageurs venus à Moscou pour affaires et qui ne manquaient pas d'apporter leurs provisions de choux aigres, de poissons salés, de concombres et autres victuailles marinées et fumées, et qui ne demandaient à l'aubergiste que le samovar et l'eau bouillante pour le thé. Comme en ce temps-là les water-closets n'étaient pas en usage, il va de soi que toute cette foule nourrie de choux laissait des traces de son passage. Mais c'était surtout aux abords du marché à volailles et près des maisons des riches bourgeois qu'il était impossible d'approcher sans se boucher le nez. Signe évident que la Providence protégeait ce quartier.

Mais dans ce temps-là cela n'offusquait personne, on ne se donnait même pas la peine de se boucher le nez. Il semblait tout naturel qu'autour des demeures des hommes cela sentit l'homme. Les maisons les plus cossues ne possédaient ni ventilateur ni vasistas, dans les cas les plus urgents on se contentait de brûler un peu de résine. J'ai le souvenir très net qu'en approchant de Moscou on sentait déjà à cinq kilomètres de distance qu'on approchait d'une fourmilière, où grouillaient des hommes prospères.

— Moscou! On sent déjà Moscou! criaient les postillons à la vue de la sainte ville, et ils ôtaient dévotement leurs chapeaux pour rendre hommage aux coupoles dorées.

Plus on approchait de Moscou, plus l'odeur s'accentuait. Cependant, en ces temps heureux, on ne connaissait ni la diphthérie, ni les fièvres typhoïdes, ni les maladies de cœur; la santé humaine n'avait alors qu'un ennemi : l'apoplexie. Je crois, du reste, que les maladies et la mortalité elle-même ont subi une évolution proportionnée aux progrès de la médecine. Autrement dit, je crois que le médecin vulgarise les maladies et les rend accessibles à tout le monde. Tant que la médecine est restée dans l'enfance les maladies ne visitaient les hommes qu'accidentellement. En ce temps l'homme souffrait du ventre, de la tête, il toussait ou encore c'était le « sang qui le tourmentait »...

Aussi connaissait-il un certain nombre de remèdes infaillibles : s'il avait mal au ventre il mangeait deux livres de poires fermentées, et cela passait. Quand la tête lui faisait mal il s'appliquait un sinapisme sur la nuque, et la tête reprenait son équilibre. Quand c'était le sang qui le tourmentait : — une petite saignée... Dans les cas plus sérieux, comme par exemple, l'hydropisie ou la jaunisse, on mangeait des blattes, des cloportes et même ces parasites qui habitent les têtes de nos frères indigents.

Mais, à peine un homme vient-il de naître, savoir lui trouver immédiatement une maladie organique, était un tour de force inconnu !

Il survenait bien quelquefois des épidémies, mais c'était toujours un fléau de Dieu. Le plus souvent c'était un châtiment pour punir la débauche d'un petit tyranneau.

Alors l'archevêque, dans une voiture à quatre chevaux, avec deux sous-diacres à l'arrière, se rendait solennellement chez le tyranneau et le conjurait d'avoir pitié de la population décimée à cause de ses péchés, et de rentrer dans la bonne voie. Généralement le tyranneau se laissait fléchir et faisait amende honorable en renvoyant la grosse Eudoxie, ou en se hâtant de marier Varvara à l'œil fripon, et aussitôt la sinistre maladie disparaissait.

Je le répète, on ne connaissait pas, en cet heureux temps, la variété de maux dont nous sommes gratifiés aujourd'hui, tous les hommes n'étaient pas encore irrévocablement classés dans les différentes catégories de maladies avec une précision inexorable. C'est un progrès qui est dû aux grandes découvertes de la médecine, qui ont été poussées si loin, qu'aujourd'hui il est impossible à un être humain de ne pas se laisser porter sur une liste quelconque de la faculté.

Maintenant, quand un enfant vient au monde, on ne se demande pas s'il est né avec une maladie, cela ne fait pas de doute, mais on cherche immédiatement quel est l'organe atteint et à quel spécialiste cette maladie convient, afin qu'il puisse donner au nouveau-né la facilité de traîner une misérable existence.

Le progrès ne s'est pas déclaré dans la science médicale uniquement, il ne s'est pas moins affirmé dans l'art de guérir. Autrefois un médecin guérissait tout le monde, de tous les maux. Il guérissait jeunes et vieux, gentilshommes et roturiers, des deux sexes. Il soulageait la tête, le ventre, les dents, il tirait du sang..... A l'heure qu'il est, si le pouce de la main droite vous fait souffrir, il ne peut être soigné que par un spécialiste qui habite le boulevard des Italiens, tandis que si c'est le pouce de la main gauche qui est atteint, il faut vous adresser à un autre spécialiste qui demeure avenue d'Eylau. Si vous vous avisiez de présenter le doigt de la main droite au médecin qui ne soigne que la main gauche, il vous donnerait certainement une ordonnance, mais, pour le plus grand honneur de la faculté, il vous dirait que vous auriez mieux fait de vous adresser à son collègue qui a la spécialité des doigts de la main droite.

Le pire c'est qu'en dépit des progrès de la médecine on meurt quand même, et au milieu de cette variété de maladies et de cette diversité de spécialistes il n'y a qu'un salut — la mort.

Enfin ce qui est encore plus désolant, ces progrès merveilleux de l'art médical ont amené des perturbations dans notre vie domestique, ont ébranlé les bases mêmes de cette vie. Je me bornerai à citer un exemple :

Autrefois quand un homme avait envie de commettre un adultère, il se mettait immédiatement à genoux devant la dame de ses pensées et attendait dans cette pose ses instructions ultérieures ; et jamais il n'en résultait le moindre scandale, pas même lorsque le mari de la « dame des pensées » se tenait dans la chambre voisine. Mais aujourd'hui la médecine a découvert qu'un homme peut faire un faux mouvement en se mettant à genoux et froisser le nerf ischial.

C'est ce qui est arrivé un de ces jours. A peine le jeune homme venait-il de se mettre à genoux pour plaider sa cause qu'il a ressenti une douleur atroce et s'est mis à crier. Naturellement toute la maison est accourue, le mari en premier. Le jeune homme s'était blessé le nerf ischial.

Et voilà pour une pareille vétille tout un procès qui surgit. Le mari outragé veut prouver que le nerf ischial s'est dérangé après. La femme innocente déclare que c'est arrivé avant, des experts sont désignés pour témoigner devant les juges et sans doute ils donneront des avis *pro* et *contra* ; les avocats feront de même dans leurs plaidoiries ; puis ce sera le tour des journaux... et à la fin des fins il y aura trois existences de brisées.

Eh bien ! je le demande à tous les jeunes premiers de 1840, en est-il un parmi eux qui soupçonnât l'existence du nerf ischial, et que ce malheureux nerf pourrait causer tant de tracas et compliquer à ce point un plaisir aussi simple que celui de chasser sur les terres d'autrui ?....

Je prie mes lecteurs de me pardonner cette digression, elle était indispensable pour démontrer combien la prospérité de nos pères était supérieure à la nôtre. Ils étaient heureux et leur bonheur s'exhalait de leurs demeures et de leurs personnes, et tout le monde le sentait à plein nez.

Hélas ! maintenant tout a changé chez nous. Le boulevard de Twer est parfumé comme un sachet. Les hôtels de « Rome » et de « Paris » possèdent déjà des inodores... Il est vrai qu'ils sont très-peu fréquentés maintenant, les voyageurs d'aujourd'hui sont rares et maigres, évidemment ils ne font pas de bonnes affaires. Il n'y a plus que le marché à volailles qui soit imprégné d'odeurs, et encore sont-elles moins énergiques de moitié qu'autrefois.

Il n'y a plus moyen de le nier, l'ancienne pospérité de Moscou s'est réfugiée à Paris. Sans doute elle ne se manifeste pas sous des formes aussi primitives que dans la demeure du marchand nourri de choux et de poisson fumé, mais cependant elle s'exprime d'une manière assez précise pour satisfaire l'odorat le plus exigeant.

Depuis que le gouvernement légal a triomphé en France, depuis que le bourgeois, délivré des inquiétudes que lui donnait Mac-Mahon, ne se préoccupe plus de savoir s'ils se verra contraint de trahir sa chère patrie, Paris ne songe qu'à se nourrir et à s'engraisser. C'est le trait caractéristique de son existence pendant ces dernières années. Et toute la France pour imiter Paris, se nourrit et s'engraisse. Jamais la Chambre française n'a vu dans son enceinte des fils de la patrie à mine aussi réjouie et d'un embonpoint aussi satisfaisant, que chez les députés qui siègent depuis que les tentatives de Mac-Mahon et de ses collaborateurs ont échoué.

La République a incontestablemement trouvé une base solide, celle qui convient à une République non moins solide, rassasiée, et sans républicains. Elle réalise en tout point l'idéal si cher au petit bourgeois, à qui l'on vient d'élever un monument à Saint-Germain. Cet homme a tout fait pour réconcilier le bourgeois timoré avec le nom de république : il a payé avant le terme, et sans trop de peine, sa contribution aux Prussiens, il a balayé la Commune, et par dessus tout cela il a supprimé la garde nationale ; puis, ce qui est encore plus important, il a ouvert au chauvinisme français une nouvelle voie en lui faisant comprendre qu'il existe, outre la gloire militaire, la gloire de la supériorité économique et financière, dont on peut se faire un mérite avec plus de raison que des triomphes à main armée, et en courant beaucoup moins de dangers.

Quant au chauvinisme pour les idées, le petit

bourgeois s'en est sagement abstenu; du reste après s'être laissé écrasé sous le talon du bandit pendant dix-huit ans, il ne serait pas convenable de venir parler d'idéal.

Quoi qu'il en soit, cette république à la nouvelle mode a eu une chance inouïe. D'abord elle a su par sa modestie conquérir le respect de toute l'Europe, puis, d'un seul coup à peu près, elle a su mettre à la raison tous les différents partis politiques.

L'extrême gauche a été atteinte au cœur par le balayage de la Commune; quant aux partis monarchiques, ils se sont désossés.... Chambord est un figuier, les d'Orléans, quoique prolifiques et nombreux, manquent d'énergie et bien qu'assez fourbes ne le sont pas dans le sens qu'il faut pour devenir roi. Enfin, par un hasard encore plus heureux, le rejeton des Montijo a péri dans la fleur de l'âge. Ainsi les différents partis monarchiques, qui auraient pu, grâce à des sympathies puissantes, menacer la république, en sont réduits à une inaction forcée.

Si vous voulez, ils agissent toujours, mais mollement, pour la forme, sans conviction : ils célèbrent l'anniversaire de la naissance de Chambord et disent une messe le jour de l'éxécution de Louis XVI et de Marie-Antoinette. Mais pour peu qu'il s'agisse de quelque chose de plus sérieux, par exemple de fournir des subsides au roy quand sa caisse est à sec, on ne trouve plus personne.

Quant aux bonapartistes, la mort de Lou-lou les a jetés dans un tel désarroi, qu'il n'y plus de doute pour moi, cette bande perdra bientôt ses derniers vestiges de parti politique et viendra tout bonnement grossir les rangs des malfaiteurs de droit commun, dont les actes sont soumis aux tribunaux ordinaires.

En un mot à part messieurs Gavardie et Baudry d'Asson personne ne prend au sérieux les prétendants au trône.

Bismarck lui-même voit la République sans colère, mais non sans curiosité. Évidemment il s'attendait à tout autre chose, Il comptait voir revenir sur la scène politique des réminiscences de quatre-vingt-neuf et de quarante-huit, et pensait que le rôle principal serait tenu par le quatrième état qui agiterait toute la série des « questions maudites ». Il croyait que la lutte des partis prendrait un caractère aigu et qu'il en profiterait pour détruire pierre à pierre le foyer des désordres européens. Et voilà ses prévisions déjouées, point de « questions maudites, » et à leur place la plus pure sagesse, une sagesse de chapon !

En moins de dix années, la France a déjà repris sa place au conseil des grandes puissances ; sa flotte ne fait-elle pas avec toutes les autres une démonstration dans la mer Egée en faveur de la

Grèce ? Les journaux n'annoncent-ils pas avec orgueil que Paris va recevoir dans ses murs le noble comte russe Twerdoonto, accompagné d'une brillante suite de cadets ? Il va sans dire, que dans son for intérieur Bismarck doit s'avouer que tout cela n'entrait point du tout dans son programme.

Mais le bourgeois se félicite d'avoir su prendre une telle place dans le concert des puissances européennes, et son cœur ne se possède pas de joie à la pensée qu'il a aussi ses diplomates ! N'a-t-il pas Saint-Vallier à Berlin, Noailles à Rome, et d'Harcourt je ne sais où, tout-à-fait comme sous Louis XIV !

Et tous ces grands noms le servent loyalement et fidèlement. lui, petit bourgeois qui vend des légumes dans sa boutique rue de Sèze, et qui croit de tout son cœur que la France fera plus vite la conquête du monde par sa prospérité commerciale que par ses armes.....

Comment, lorsque la France professe des sentiments si sages, le comte Twerdoonto, pourrait-il refuser d'honorer Paris de sa présence ? Pourquoi se refuserait-il le plaisir de se prélasser en flânant sur le Boulevard des Italiens ? Et pourquoi ne communiquerait-il pas en confidence à Gambetta ses vues intimes sur une union possible entre le caviar et les cuisses de grenouilles, qui servirait à resserrer de plus en plus les liens fraternels qui unissent la France et la Russie ? S'il s'y refusait, ne serait-ce pas courir le risque de froisser Saint-

Vallier et d'Harcourt? et Dieu même n'a-t-il pas destiné de tout temps Twerdoonto à chanter au concert des grandes puissances avec Saint-Vallier et d'Harcourt?

Mais si le bourgeois est content, M. Jules Grévy doit nager dans la félicité. Songez-donc. Il a déjà pour serviteurs des « garçons » qui s'appellent d'Harcourt et Noailles, pourquoi ne rêverait-il pas des « garçons » descendants en droite ligne des Mont-morency, des Rohan, des Condé.... Oui, il viendra un temps où Mac-Mahon lui-même entrera à son service....

— « Quoi, cher ami, lui dira Grévy, — vous hésitez encore ?.... mais, allons donc ! »

Et Mac-Mahon deviendra sur-le-champ républicain. Grévy a beaucoup de patience, il comprend que tous ces changements ne sont qu'une question de jours, de mois, d'années, et il attend. Et, tout en attendant, il invite le comte Twerdoonto à une chasse dans les ci-devant résidences impériales ou royales, sans négliger pourtant de se faire une petite pelote de l'excédant de son traitement présidentiel. Il n'y a qu'une ombre qui obscurcisse sa modeste prospérité, c'est la perte de l'Alsace et de la Lorraine qui l'empêche de recevoir dignement à Paris, Bismarck et Moltke.

Pour tout dire en un mot, le monde entier est enchanté de la troisième république, à commencer par le comte Twerdoonto et à finir par Bismarck lui-même, qui, à ce qu'on dit, n'a qu'un désir, pouvoir aller à Paris pour une soirée et assister au moins à une représentation de *La femme à Papa*.

Il n'y a qu'une chose qui nuise à cette république, c'est son nom ; mais on finira par s'y habituer grâce aux almanachs. Il faut bien qu'on sache qu'il y a une forme de gouvernement qui s'appelle « la république ». On n'y peut rien ! Même dans les manuels de classe à l'usage des écoles secondaires il est dit qu'il existe une telle forme de gouvernement, et à l'université d'Odessa, au temps où dominait, dans cette ville, Panioutine, (¹), on proclamait hautement qu'il y a quatre formes de gouvernement : le despotisme, la monarchie absolue, la monarchie constitutionnelle et... la république..... Le conseiller privé Panioutine le regrettait beaucoup, mais il n'y pouvait rien.

1. Un des plus féroces persécuteurs des libéraux russes. — *Note du traducteur*.

CHAPITRE VI

LA QUESTION SOCIALE

Je le répète, tout le monde est content de la république française, personne ne proteste contre elle, mais l'ouvrier français en est-il aussi satisfait ? — Je ne peux pas répondre à cette question, je l'ignore. D'ailleurs, tout ce que je dis dans ces notes se rapporte exclusivement à la bourgeoisie française, qui représente actuellement la classe dirigeante. Quant à la vie du peuple en France, ses aspirations, son idéal, je ne les connais point. Je ne peux donc émettre sur lui que des conjectures assez vagues.

Je trouve dans les journaux français sous des rubriques diverses des détails très curieux sur les différents partis politiques qui se partagent les fils de la France moderne : Il y a des ouvriers-bonapartistes, des ouvriers-légitimistes, des ouvriers-opportunistes, des ouvriers-socialistes, des ouvriers-cléricaux, des ouvriers-libres-penseurs, et même des ouvriers qui n'ont pas d'autre profession de foi que le culte du marchand de vin.

Cependant, chose digne de remarque, jamais on n'a entendu parler d'ouvriers-orléanistes.

Il se tient à Paris des réunions dans lesquelles on débat la question sociale et auxquelles ne manquent jamais d'assister, comme auditeurs obligatoires, des commissaires de police accompagnés d'un nombre proportionnel de gardiens de la paix en uniforme et en bourgeois. Il est vrai qu'en même temps d'autres groupes, assez compacts, de fils du peuple figurent, en chantant des cantates, dans des processions organisées en l'honneur des saints ou dans des cortèges formés à l'occasion des fêtes de Chambord, de Napoléon et d'Eugénie.

Ainsi l'on voit d'un côté, la propagande démocratique et sociale et de l'autre des fêtes en l'honneur du saint qui s'appelle Napoléon !... D'un côté, la *Marseillaise* et le drapeau rouge et de l'autre, vive Henri V, et le drapeau fleurdelisé ! Et tout cela marche côte à côte et jaillit de la même source débordante.

Qu'un *noble* bonapartiste et un *noble* socialiste se coudoient, je ne vois pas là de quoi crier au miracle. Tous les deux vivent assez au large pour ne pas se marcher sur les pieds. Il n'en est pas de même dans la classe ouvrière qui vit étroitement agglomérée, l'un bousculant l'autre et se marchant sur les talons. Aussi je me demande comment il se fait qu'un milieu aussi resserré puisse produire des espèces absolument incompatibles ? et si l'on n'a pas le droit de se poser cette question : dans cette variété de manifestants combien y en a-t-il de sincères, et combien qui sont des poseurs ou des soudoyés ?

J'avoue que cette question m'intéresse vivement. Plus d'une fois j'ai voulu pénétrer à Belleville ou tout au moins dans un débit de vin de la banlieue, pour recueillir quelques traits qui caractérisent ces divers courants d'opinions si opposées, mais après mûre réflexion j'ai abandonné ce projet.

Une entreprise de ce genre offre pour un étranger et surtout pour un Russe des difficultés presque insurmontables. D'ailleurs la vie intime des ouvriers de Paris, comme de tout autre grande ville, est concentrée dans des quartiers où l'étranger n'a ni l'envie, ni la possibilité de s'introduire.

L'ouvrier de Paris est bien disposé pour l'étranger et l'oblige volontiers, il voit dans le touriste un riche qui peut faire marcher le travail, et considère l'affluence de l'élément étranger comme le signe précurseur d'une reprise des affaires qui ne sera pas sans profit pour lui.

A tout autre égard l'étranger est pour lui un

être qui ne compte pas, un zéro. La voix de l'étranger est sans autorité en France et ne peut lui servir d'appui. (L'ouvrier oublie que la *voix* du citoyen russe n'a nulle part de l'autorité). Puis l'ouvrier a le sentiment que l'étranger ne peut pas sympathiser profondément à ses souffrances, sa misère est le résultat d'une foule de conditions locales et historiques ; ce n'est pas assez de la raison et du sentiment pour les démêler, il faut avoir pour guide dans cette recherche ces intimes attaches qui lient l'homme à sa patrie.

Enfin cet étranger n'a-t-il pas laissé dans son propre pays une masse d'ouvriers qui offre aussi à sa curiosité le champ d'étude le plus vaste qu'on puisse souhaiter ? Alors que vient-il faire à Paris ? Évidemment il n'y est pas venu pour résoudre la question sociale, mais pour s'amuser, jouir, faire des emplettes et admirer les œuvres d'art de la France. L'ouvrier suppose que c'est parce que l'étranger est las de toutes ces jouissances qu'il lui a tout à coup pris la fantaisie de pénétrer dans un autre milieu. Peut-être aussi, il n'y a rien là d'impossible, ce voyageur n'est-il qu'un aventurier dans le genre du Prince d'Hérolstein ; et qui sait encore... qui peut garantir à l'ouvrier que ce n'est pas un espion ?... et un espion envoyé par Bismarck lui-même !...

A côté de ces difficultés que le voyageur russe rencontre dans la classe ouvrière, il en est une autre qui lui est toute spéciale et qui, à elle seule, suffit pour l'empêcher de se mêler au peuple. Est-il possible d'entrer en contact avec ce milieu sans être éclaboussé d'idées subversives ? Comment ce voyageur une fois de retour dans son pays, pourra-t-il soutenir le regard des autorités, s'il a sur la conscience d'avoir assisté — même si c'est simplement dans le désir de s'instruire — à une réunion du cirque Fernando ou d'être entré, en passant à Marseille, au congrès ouvrier ?

Non, il est beaucoup plus sage de ne pas lâcher la manche du bourgeois. Depuis longtemps celui-ci est considéré comme le pilier le plus sûr de l'ordre social, et maintenant que nos *koloupaevs* (éplucheurs) prennent un tel accroissement, il faut croire que c'est sur eux que tout l'espoir du gouvernement doit reposer.

Non-seulement la guerre franco-prussienne n'a pas porté atteinte au bien être matériel de la France, mais elle l'a mis en relief, et l'a exposé à l'envie générale. L'or abonde, on pourrait en paver les rues ; c'est à peine si l'industrie peut suffire à toutes les commandes ; le bilan est magnifique, le budget illimité et ne connaît pas de déficit. Les lignes de chemin de fer pénètrent dans les recoins les plus reculés de la France ; les grèves, quoique assez fréquentes, ne sont pas de longue durée et finissent toujours à la satisfaction du patron et de l'ouvrier. Le bourgeois français, se sentant prospère, éprouve le besoin de partager son superflu avec son frère indigent. Quand les ouvriers commencent à faire retentir leurs réclamations, le bourgeois résiste pour la forme, et finit invariablement par leur crier :

— Eh bien, prenez mes entrailles, insatiables que vous êtes !

Il en résulte que tout le monde est content...

Paris reçoit de toutes les parties du globe de telles quantités d'approvisionnements de toute sorte que, si le bourgeois possédait deux ventres au lieu d'un, il serait encore embarrassé de savoir où loger tant de vivres.

Les environs de Paris lui fournissent les légumes les plus fins, les fruits les plus savoureux ; la Normandie et la Touraine lui donnent encore des fruits, du laitage, de la volaille ; la Bretagne lui envoie des viandes de toute espèce et des nourrices plantureuses ; le Périgord lui expédie ses pâtés farcis, la Gascogne le favorise de ses truffes et de ses vins généreux ; la Bourgogne le sustente de ses vins et de ses oiseaux ; la Champagne le grise de son cru capiteux ; Lyon le bourre de ses saucissons ; la Provence l'inonde d'huile d'olive ; Nice lui offre au dessert ses fruits confits ; les Pyrénées lui réservent leurs perdrix rouges et les Landes, outre les perdrix, des ortolans ; enfin l'Océan et la Méditerranée paient leur tribut à sa gourmandise en poissons de toutes variétés, sans compter les écrevisses et les huîtres... Lorsque le bourgeois récapitule toutes ces richesses, l'eau lui vient à la bouche, et ses yeux brillent d'un tel éclat, que l'interlocuteur se demande s'il ne va pas, par méprise, lui sauter à la gorge et le dévorer? Et si le bourgeois regrette Strasbourg c'est bien moins pour sa cathédrale, que pour la perte de ses pâtés de foie gras, que ceux du Périgord ne peuvent faire oublier.

Une chose pourtant l'humilie profondément : il ne possède pas la gélinotte russe, dont la baronne Kaulla (les journaux français l'appellent *la fille Kaulla*), qui a fait un tour en Russie, raconte des merveilles. Il paraît pourtant qu'une lueur d'espoir s'est allumée dans le cœur du bourgeois français en apprenant que Gambetta est entré en pourparlers à ce sujet avec Tverdoonto. Au commencement de l'automne, les deux hommes d'état ont déjeuné ensemble au *café Anglais* avec un troisième convive qui n'était autre que le prince de Galles, dans le plus strict incognito. Dans un cabinet voisin, à la même heure, la Kaulla déjeunait avec le général Cissey. Et bien que les journaux aient déclaré à l'unisson que ces déjeuners n'avaient en rien un caractère politique, le bourgeois en lisant leurs commentaires ne s'en frottait pas moins les mains de plaisir, en disant :

« Dans une année nous aurons des gélinottes, nous en aurons, c'est moi qui le dis. »

Et tout au fond de son âme, il ajoutait :

« Et qui sait ! peut-être que, grâce à la diplomatie républicaine, les pâtés de Strasbourg s'étaleront bientôt de nouveau sous les plis du drapeau tricolore !.. »

Je l'ai déjà dit plus haut : la satiété a la vertu d'ennoblir le cœur humain, et le bourgeois ne fait pas exception à cette règle. Comme il ne se sent pas capable d'absorber toutes les victuailles qui affluent vers lui de tous les coins de la France, il abandonne avec magnanimité à ses frères indigents, au plus bas prix, tout ce qu'il ne peut pas dévorer lui-même. Ce superflu, qui consiste en restes de côtelettes, de rôti, de volaille et même de sauces figées, se débite dans un coin des Halles Centrales sous le nom de *bijoux*. Ces *bijoux* forment le fond de la cuisine des petits restaurants où vient manger la population indigente de la capitale du monde. Ces restes assaisonnés de toute sortes d'épices, arrosés de sauce réchauffées et servis sous forme de ragoûts fumants et de pâtés alléchants, flattent l'odorat tout en procurant des aigreurs ; mais le pauvre oublie facilement cet inconvénient pour se livrer sans arrière-pensées aux sensations délicieuses du palais et du nez. D'ailleurs le premier phénomène, comme le second, font partie inhérente de sa vie quotidienne et n'ont plus le don de le surprendre, ni de le réjouir, ni même de l'affliger.

L'ouvrier connaît-il l'origine des ragoûts dont il se délecte? Sait-il, par exemple, que ce morceau de saucisse qui vient de surnager au milieu d'un amas de viandes d'aspect énigmatique, a été rongé cette nuit à la Maison d'Or par le général Déterminé en compagnie de la fille Kaulla? Sait-il, qu'en ce même instant, Youkantzev (¹) gémissait par sympathie tout au fond de la Sibérie, et que les membres de la banque du crédit foncier s'écriaient :

— « Voilà donc le gouffre où notre argent s'est englouti ! »

Se doute-t-il, cet ouvrier, qu'avec cette même arête — elle garde encore un lambeau de chair — le concessionnaire russe Goubochliopof se curait les dents tout en attendant, en vain, au café Riche, cette même baronne Kaulla, et murmurait *in petto* : — « Que de billets de mille cette drôlesse m'a déjà extorqués et en retour, toujours des paroles, rien que des paroles !... »

S'il savait, cet ouvrier, que ce cheveu, qui se colle obstinément à sa langue, appartient à Mademoiselle Croisette et faisait partie de la boucle qu'elle a donnée en souvenir au duc d'Aumale? Ignore-t-il, enfin, que ce grain de sable qui vient de craquer sous ses dents s'est détaché de la poi-

Note du traducteur. — Caissier de la banque du crédit foncier à St-Pétersbourg, qui a volé plusieurs millions et les a dépensés avec la baronne Kaulla.

gnée de terre qu'un bonapartiste fervent a rapporté de la tombe de Loulou, et qui a été la veille l'occasion de toasts chaleureux au banquet de l'hôtel Continental ?

Je crois que l'ouvrier parisien sait très bien ce qu'il en est, mais qu'il fait semblant de n'en rien savoir, car, s'il ne feignait pas l'ignorance, il serait obligé, par un sentiment de dignité personnelle, de renoncer aux ragoûts et à toute nourriture animale. S'il faisait le dégoûté, il devrait se rabattre sur des succédanés comme la balle d'avoine. En effet, le bourgeois, malgré toute sa magnanimité, en fait de viandes, ne cède que les restes, il ne donne la bonne qualité qu'en échange d'un bon prix. Cependant, comme cette nourriture est nécessaire au frère indigent, et que celui-ci continuerait à la manger même si on la lui servait sous des formes encore plus sangrenues, parce qu'elle seule peut lui donner des forces suffisantes pour accomplir son travail, le frère indigent avale les ragoûts et — *risum teneatis, amici !* — il se permet de les analyser... Gourmet, va !

Mais si le frère indigent connaît l'origine des restes, sait-il gré de ces restes au bourgeois qui les lui abandonne ? C'est une question à laquelle il ne m'est pas possible de répondre d'une manière satisfaisante. Il me semble pourtant qu'il n'a pas grande raison d'être reconnaissant, et que s'il ne montre pas encore ouvertement sa haine contre le riche, elle n'en couve pas moins dans son sein. Du reste, convenez-en vous-même, finir de sucer une arête dépouillée par le concessionnaire Goubochliopof n'a rien de bien appétissant !..... Mais le frère indigent est obligé, en attendant des temps meilleurs, de courber l'échine. Le bourgeois n'est pas mal rusé, il a su entourer Paris de bastions, il a supprimé la garde nationale et introduit une forte discipline dans le personnel militaire qui forme la garnison de la capitale. Après avoir accompli ces grandes œuvres, il nage dans la sécurité.

Cependant, si la satiété est douce, elle a aussi ses inconvénients : elle alourdit le bourgeois, rend son activité somnolente et sa pensée paresseuse. Un homme rassasié ne demande plus qu'une chose à la vie, le repos ; il n'a qu'un désir : ne rencontrer aucun obstacle sur son chemin, rien qui l'agite, qui l'oblige à lutter ou qui vienne piquer sa curiosité. Les plaisirs eux-mêmes n'ont du prix aux yeux de l'homme repu, que s'il peut les goûter sans se déranger, s'ils viennent au-devant de lui. Nous autres Russes rassasiés, qui nous bourrons toute l'année de crêpes, de gâteaux, de *kalatchi* (pain de Moscou), nous connaissons par expérience l'engourdissement qui résulte de la satiété, et qui fait que les meilleurs moments de la vie sont ceux qu'on passe dans le sommeil, avec grand accompagnement de ronflements sonores, de songes gargantuesques et de cauchemars ! C'est peut-être pour cela que les fortes garanties que présente le régime social à l'Occident nous font défaut. Il est vrai qu'en revanche nous mangeons des crêpes.

Le bourgeois français n'a pas encore atteint ce degré d'engourdissement, mais il est déjà appesanti au point de redouter tout mouvement imprévu, surtout s'il s'agit de lutter ; tout effort lui semble non seulement pénible, mais tout à fait superflu. La tradition, d'après laquelle le principal charme de la vie consiste dans la lutte et dans la recherche d'horizons nouveaux, se perd de jour en jour. Le bourgeois ne veut pas des émotions mais de la tranquillité; il aime ce qui s'apprend sans peine, et, en toutes choses, le succès facile.

Ainsi en fait de religion il s'attend à ce que Dieu envoie *motu proprio* des anges pour le garder. En fait de sciences, il n'apprécie que celles dont il voit l'application immédiate, il ignore sciemment tout le travail théorique préparatoire et l'abandonne dédaigneusement aux inventeurs, qui font leurs trouvailles à leurs risques et périls. En fait de journaux, il aime les articles très courts où on lui annonce succinctement avec qui Gambetta a dîné la veille, et quels sont les hôtes princiers qui ont honoré Paris de leur présence. A cette occasion il est ravi s'il apprend que Bismarck a confié à un correspondant, dans un entretien intime, qu'il trouve que la France est digne maintenant de prendre part au concert des puissances européennes. En fait d'œuvres littéraires, il est ennemi de toute analyse psychologique, il souhaite uniquement que l'auteur, sans ambages, sans circonlocutions abstraites, mais avec une grande variété et une riche abondance de « signes particuliers », lui décrive le corps de l'héroïne, lui dise avec qui, quand et comment elle a commis son premier, son second adultère et tous ceux qui ont suivi. Il ne doit pas omettre la description de la robe qu'elle portait en chaque rencontre, ni oublier de raconter si elle s'est fait prier où si elle s'est donnée sans faire des embarras, ni si l'acte s'est commis dans un cabinet particulier et quel était le restaurant; il doit dire les noms des garçons qui ont servi le dîner et quel en était le menu, puis énumérer sans faute tous les vins. Le bourgeois n'aime jamais les difficultés, pas même dans les aventures galantes, pas plus que les vêtements superflus; il tient à ce que tout se fasse vite.... et sur-le-champ !

Cette pauvreté et cette somnolence de la pensée ne sont pas restées sans influence sur toute la vie de la France actuelle; elles s'étendent à toutes choses, à commencer par l'idée de Dieu, qui gêne beaucoup le bourgeois. Les prêtres ne cessent de répéter que le bourgeois doit se rendre à la messe ; ils promettent à ceux qui y vont la félicité éternelle, et à ceux qui s'en abstiennent, les tourments sans fin de l'enfer. Le bourgeois est libre-penseur par tradition, mais en même temps il est poltron, et, comme je l'ai déjà dit, il aime à se signer le nombril quand on ne le regarde pas. Cependant il ne fait cette concession que parcequ'elle ne lui coûte rien, et qui sait, si un jour ou l'autre il n'en tirera pas quelque profit? Mais jamais le bourgeois ne souffrira que le prêtre le menace ou le séduise publiquement ! — Pour cela non, c'est aller trop loin ! Sur ce terrain il lutte depuis longtemps contre le clergé avec des alternatives de succès inégal. Cette lutte a pris dans la main habile de Voltaire un caractère triomphant et s'est poursuivie avec éclat, bien que, jusqu'à ces derniers temps, l'issue en ait été toujours douteuse. A l'heure qu'il est, le bourgeois se sent déjà si fort qu'il a trouvé que le plus simple était de supprimer radicalement le Dieu des prêtres, et de décréter pour l'usage quotidien un Dieu laïcisé, sans les insignes de l'ordre. Il a investi d'abord de cette mission son ministre Freycinet, et quand celui-ci s'est montré trop coulant dans l'exécution de cette entreprise, le bourgeois l'a mis à la retraite et a ordonné à Ferry d'en finir avec le Dieu des prêtres. Voilà comment il se fait qu'aujourd'hui un Dieu laïcisé règne sur toute la France. Pendant combien de siècles cette question n'a-t-elle pas agité les esprits, combien de flèches Voltaire, à lui tout seul, n'a-t-il pas tirées à son service? et le bourgeois vient de la résoudre en passant, d'un seul coup, sans s'égarer dans de longues discussions. Il est vrai, qu'il n'a pas encore effacé le mot « Dieu » de son dictionnaire, mais c'est simplement parce qu'il le garde en réserve pour le cas où il en aurait besoin plus tard. A partir d'aujourd'hui les prêtres ne pourront plus l'ennuyer de leurs sermons sur les délices du paradis et les tourments de l'enfer.

J'ai entendu dire cependant que la question des congrégations, qui a été résolue à la fin de l'automne dernier avec une si grande désinvolture, et qui a donné lieu à tant de scènes comiques, a menacé d'amener une rupture entre Gambetta et notre comte Twerdoonto. Le comte se trouvait à Paris et fut profondément scandalisé de ce qui se passait. Il se souvint que dans sa jeunesse il avait été expulsé d'un bal populaire, par des sergots, au milieu des coups de sifflet de la foule, et il ne pouvait se consoler en pensant que Monsieur Caubet (chef de la sureté, et disciple de Comte), avait agi de la même manière envers les pères récollets. Il résolut de plaider la cause de ces derniers, et, dans cette intention, vint surprendre Gambetta à l'heure du déjeuner.

— Non, Gambetta, dit-il au président de la Chambre pour le convaincre, — non! il n'est pas possible de se passer de Dieu, vous en aurez bientôt la preuve, vous-même. Je veux vous raconter ce qui m'est arrivé à moi, personnellement, dans le corps des cadets : quand je ne savais pas ma leçon, je priais Dieu de permettre que les professeurs ne me questionnent pas. Or, il m'arrivait souvent de ne pas savoir ma leçon, mais le bon Dieu, dans sa miséricorde inépuisable pour moi, et peut-être aussi par égard pour les mérites de mes ancêtres, ne laissait jamais d'exaucer mes prières. Et voilà, qu'un jour je devins présomptueux, je n'avais pas préparé ma leçon et je négligeai de prier Dieu ! Eh bien ! voici ce qui en est résulté : le professeur s'empressa de me questionner et me marqua.... zéro ; le même jour je fus surpris avec une cigarette à la bouche et on m'a donné la verge... Qu'en dîtes-vous, je vous prie ?

Gambetta pour toute réponse se contenta de siffler un sympathique : sss.......

— N'allez pas croire, pourtant, Gambetta, que je sois superstitieux, continua Tverdoonto... point du tout ! Je tiens seulement à vous faire comprendre qu'il importe, avant de commencer une réforme, de savoir clairement contre qui elle est dirigée... S'il ne s'agissait que de personnes cultivées, je comprendrais encore... Sans doute, pour vous, pour moi, il n'est pas besoin de Dieu, mais la masse, Gambetta, le peuple ? Qu'est-ce qui le retiendra lorsqu'il ne sentira plus ce frein ?

Gambetta se contentait de branler la tête et de répéter : sss.... Comme un véritable Génois qu'il était, il se gardait bien d'irriter son interlocuteur en le réfutant ; il convint même qu'il était difficile de se passer de Dieu.

— Alors à quoi bon chasser les pères récollets ! s'écria Tverdoonto en tendant les deux mains à Gambetta.

Celui-ci ne se laissa pas déconcerter ; en guise de réponse il fit servir le déjeuner. Lorsque le comte Tverdoonto eut devant lui un oiseau de Rouen d'une beauté extraordinaire et à côté une bouteille de Panticapée, toute grise, il ne put s'empêcher de faire claquer sa langue. Il ne fut plus question de rupture. On mangea ensemble de bon appétit l'oiseau de Rouen et on but le Panticapée, quant au bon Dieu, on l'oublia au fond du sac.

Et voilà comment la diplomatie française d'aujourd'hui sait arranger les affaires.

CHAPITRE VII

LE ROMAN RÉALISTE

Le bourgeois apporte dans la littérature le même esprit somnolent que dans toutes les autres manifestations de la vie. Autrefois il existait en France une littérature animée d'un souffle héroïque et qui recherchait l'idéal. Elle embrasait les cœurs, elle enflammait les imaginations. Il n'y avait pas dans l'Europe entière un coin si obscur que ce flambeau ne l'eût éclairé, en répandant partout l'idéal d'un avenir nouveau, dans une forme accessible à tous les lecteurs. Encore maintenant, les hommes de ma génération se souviennent avec attendrissement de George Sand et de Victor Hugo ; celui-ci d'ailleurs est entré plus tard dans les idées nouvelles. Nous lisions avec avidité même Eugène Sue, bien qu'il eût moins de talent et qu'il soit aujourd'hui presque entièrement oublié, nous l'aimions parcequ'il répondait à ces aspirations qui expriment ce que la nature humaine renferme de plus noble.

Même dans l'œuvre de Balzac, malgré l'indifférence dédaigneuse du romancier pour les questions sociales et politiques, on sentait pourtant, malgré lui, une tendance vers quelque chose de nouveau, parce qu'en cette époque audacieuse les pierres elles-mêmes demandaient de l'héroïsme et de l'idéal.

Notre littérature russe était sous le charme de cette belle littérature française ; et non-seulement nos œuvres d'imagination, mais aussi notre critique, cette critique de Biélinski, dont l'influence salutaire a été la plus puissante parmi nous.

Quant au bourgeois d'aujourd'hui il ne peut plus supporter ni l'idéal, ni l'héroïsme. Il est trop alourdi pour ne pas s'effaroucher à la seule pensée d'un acte héroïque, et trop satisfait de l'existence pour sentir le besoin d'élargir son horizon. Il y a longtemps qu'il a compris que les horizons ne peuvent s'élargir qu'à son détriment; sur ce terrain il se serait facilement réconcilié avec Bonaparte, si c'eût été pour lui la seule issue. D'ailleurs, il a trouvé moyen de s'organiser à merveille en se passant de Bonaparte; puis l'esprit aventureux joint à l'incapacité absolue qui caractérisaient, au plus haut degré, le bandit, qui a tenu dix-huit ans la France sous son talon, avaient fini par effrayer le bourgeois. Dévoré par son besoin d'aventures, le bandit ne savait jamais prévoir combien coûterait une entreprise et à quoi elle conduisait. C'est ainsi qu'il devait aboutir à l'invasion prussienne. Le bourgeois ne peut penser sans frémir de rage à tout le vin que les Prussiens ont bu dans ses caves, à tous les cigares qu'ils lui ont fumés, à toute cette masse d'habits, de vaisselle, d'argenterie qu'ils ont volés dans ses armoires, à toutes les pendules qu'ils ont prises sur ses cheminées.... Il oubliera plus vite la mort des fils de la France, la trahison de Metz, la panique des soldats, mal vêtus et presque sans armes, que le vol des pendules pour lesquelles il a payé tant de centaines de francs — rubis sur ongle ! —

Ce souvenir ineffaçable des flots de vin absorbés et des pendules enlevées, a dissipé tout le prestige de la dynastie napoléonienne. En même temps le bourgeois a eu l'idée d'énumérer tout ce que les entreprises du bandit ont coûté à la France, et quand il a fini son compte, quand il a vu le gouffre béant, et qu'il s'est dit que c'est lui, le bourgeois, qui l'avait comblé de ses milliards, il est devenu vert à la pensée que s'il n'avait pas, dans son affolement, livré au bandit la république de février, tous ces milliards seraient encore dans ses poches! Aussi, est-il bien décidé à ne plus livrer sa république. Elle est à lui, *à lui seul*, une république d'offre et de demande, une république de richesses accumulées, une république dans laquelle il n'y aura plus ni « aventures » ni « entreprises ». Enfin, cette république lui garantit la possession de toutes ces choses pour lesquelles il a donné jadis des baisers de Judas à droite et à gauche, et livré, le cœur léger, la patrie au premier bandit venu. Oui, la république lui garantit la satiété, la paix, et la facilité d'accumuler les richesses. En outre, elle se charge encore de surveiller les demoiselles de conduite trop légère, non point par souci de la vertu, mais dans l'intérêt de la santé du bourgeois...

Il va sans dire que ce rassasiement sans idéal, ne pouvait manquer de réagir sur la vie et la littérature de la France. Le roman surtout en fut empesté, et pour voiler son impuissance et son terre à terre, il a soulevé avec effronterie le drapeau réaliste. Ce nom de réalisme n'est pas inconnu chez nous, nous avions déjà rompu bien des lances en son bonheur avant qu'il en fût question en France, mais la direction que cette école a prise chez nous diffère beaucoup du développement qu'elle a pris en France. Sous cette appellation nous embrassons l'homme *entier*, dans toute la diversité de ses phénomènes et les oppositions de sa destinée, tandis que les naturalistes français s'intéressent exclusivement au torse humain et, entre tous les phénomènes de son existence, ils s'arrêtent de préférence à l'acte sexuel, à la vie amoureuse. A ce point de vue, Victor Hugo devient presque un bouffon aux yeux de Zola, et George Sand aurait le même sort s'il se mettait à l'analyser. Quoi qu'il en soit, qui parle aujourd'hui de ce grand romancier, bien qu'il ait laissé des œuvres comme *Horace* et *Lucrezia Floriani* deux romans où le réalisme vrai marche de pair avec l'idéalisme le plus fervent !

En tête des réalistes français se trouve un écrivain d'un talent réel — M. Émile Zola ! Cependant il n'a pas conquis le bourgeois du premier coup ; celui-ci le trouvait d'une digestion difficile ; pendant longtemps ses romans eurent beaucoup plus de succès à l'étranger et surtout en Russie, qu'en France. L'*Assommoir* est la première œuvre de Zola qui l'ai fait prendre au sérieux par ses compatriotes, et je crois que c'est parce que les héros de ce roman sont les représentants de ces « nouvelles couches sociales, » sur l'avènement desquelles le sphinx Gambetta venait d'attirer l'attention du bourgeois dans un de ses discours. (Napoléon III aimait à s'entendre traiter de sphinx, et Gambetta de même.) Le bourgeois était curieux de faire la connaissance de « l'esclave-ivre », Vandal, Hun ou Goth, à qui Byron avait déjà jeté un appel : « *arise ye Goths* ! » et que le bourgeois attend non sans crainte depuis longtemps. Il l'a même déjà entrevu en la personne de la Commune, et il l'aurait vu encore de plus près, si le petit Thiers, aidé de Mac-Mahon et du preux capitaine Garcin, n'avait pas réussi à noyer le Goth dans son propre sang.

Zola a causé une telle frayeur au bourgeois, que *l'Assommoir* s'est vendu à plusieurs éditions dans un intervalle très court. Il était facile de voir que c'était un succès de panique; l'auteur de *l'Assommoir* n'est devenu une célébrité en France et le favori du bourgeois qu'après la publication de *Nana*.

Représentez-vous un roman dont le personnage est un torse féminin aphrodisiaque, dépourvu de la feuille de vigne traditionnelle, accessible à tout le monde, comme une borne sur la route, et qui n'a d'autres traits caractéristiques que la nomenclature détaillée des « signes particuliers » qui distinguent le sexe. Maintenant donnez comme pendant à ce torse aphrodisiaque un nombre correspondant de torses masculins, qui ne présentent également pas d'autres signes particuliers que ceux qui déterminent leur sexe. Puis, lorsque tous ces torses sont posés d'une manière satisfaisante, quand, d'après la fantaisie de l'auteur, il s'est formé autour d'eux des décors et des accessoires appropriés, les signes particuliers entrent en activité, et un drame bestial se déroule sous les yeux du lecteur....

Je me demande quelles délices plus excitantes peut souhaiter le bourgeois, chez qui le rassasiement a pris de telles proportions, qu'il menace d'étouffer en lui jusqu'à la bestialité sensuelle.

Toutes les réalités dans ce roman sont si palpables, qu'il n'y a qu'à tendre la main pour les toucher... Les plaisirs, les biens, sont seuls légèrement voilés, sans doute parce que c'est une chose que peuvent goûter certains amateurs, mais dont tout le monde n'est pas encore friand. Le temps viendra, où le bourgeois sera encore plus rassasié, alors Zola se montrera passé maître dans ces sujets. Mais, mon Dieu ! que de saletés il sera obligé d'étudier pour représenter les accessoires en perfection ! Et quelle impassibilité, quel organisme de fer il faut posséder pour pouvoir faire toutes les études nécessaires à la création d'une semblable *comédie des excréments humains !* Songez-y vous-même ? Aujourd'hui — Nana ; demain — les représentantes des légendes lesbiennes, et après-demain il faudra peut-être choisir pour héros de roman les faiseurs et faiseuses d'excréments !

C'est alors que le bourgeois élèvera une statue à Zola, et de son vivant encore !

Je tiens à faire remarquer ici, que je n'ai nullement l'intention de faire l'analyse de la carrière littéraire de Zola. En prenant son œuvre dans son ensemble je reconnais qu'elle est très remarquable, à l'exception de ses études critiques ; tout ce que j'ai dit à ce sujet ne se rapporte qu'à *Nana*, car ce roman donne la mesure du goût littéraire et de la vie intellectuelle et morale du bourgeois moderne.

Autour de Zola s'est groupé toute une école de disciples, dont les uns l'imitent servilement, et les autres manifestent le désir de pousser encore plus loin la description des accessoires. Chez ceux-ci le pseudo-réalisme prend un caractère d'imbécillité d'autant plus remarquable, que la nudité des torses n'est pas faite pour le racheter. Les productions de ces messieurs sont ennuyeuses, importunes, dépourvues de talent et n'offrent rien qui en tienne lieu. Le lecteur voit défiler devant lui un entassement de détails sans fin, qui n'ont rien à faire ni avec le sujet du récit, ni avec son développement, des détails qui ne caractérisent personne, ne sont bons à rien, ni curieux en eux-mêmes.

Prenez par exemple l'histoire d'Alfred. Pauvre Alfred! Si ce sujet avait été traité par un grand romancier comme George Sand, Balsac, Flaubert, ils auraient fait de cet Alfred un garçon très intéressant. Mais le pseudo-réaliste n'a qu'à toucher un sujet pour le gâcher.

Jugez-en vous-même :

Alfred se lève de bonne heure, et il a l'habitude de s'étirer en s'éveillant. Tout en s'étirant il songe à la journée précédente et trouve qu'il ne l'a pas bien passée. La nuit il a soupé avec Céline, et il a découvert qu'elle est imprégnée du même parfum, dont Jules à l'habitude de se servir. Lorsqu'il a voulu attirer l'attention de Céline sur ce fait, elle n'a eu qu'un rire,.. (un petit rire ou un sourire ?... le romancier ne sait pas au juste, et cela lui est indifférent), Alfred juge nécessaire d'approfondir ce mystère, oui, il le découvrira ! Mais dans quel but ! En réalité, hier il n'a point vu de Céline, il est rentré chez lui à dix heures, et il a soupé d'un morceau de fromage de gruyère... S'étant convaincu qu'il est le jouet d'une illusion, Alfred se décide à se lever. D'abord il fait sa toilette ; suivent une page consacrée à la table de toilette et deux pages à la description du savon ; puis, il commence à s'habiller. Il ne possède que trois chemises de jour : l'une est chez la blanchisseuse, l'autre a été portée par lui la veille et la troisième est propre et repose dans le tiroir de la commode. Il faut la déplier avec précaution. En examinant la chemise qu'il vient de quitter il voit une grande tache sur le plastron. Sans doute, c'est Céline qui a renversé un verre de vin sur lui, hier au souper, se dit-il. Ainsi finit le premier chapitre.

Le second chapitre commence par les réflexions d'Alfred ; il se rappelle qu'il n'a pas vu Céline la veille, et qu'elle n'a pas pu renverser son verre sur sa chemise. D'où diable cette tache peut-elle venir ?

— Mais je suis allé me baigner hier, se dit Alfred.

Il arrive à la conclusion que cette tache doit être

le résultat d'une incongruité, que s'est permise un oiseau, en volant au dessus de la berge, où se trouvaient les habits d'Alfred, pendant qu'il était dans l'eau. Ainsi finit le second chapitre.

Dans le troisième chapitre, Alfred continue à s'habiller.

Ici vient la description de ses vêtements, qui doivent être en harmonie avec la classe de la société à laquelle il appartient. Si c'est un monsieur qui fréquente le monde, chaque partie de son costume reluit et dénote par sa coupe qu'elle sort des mains du premier tailleur de Paris, mais s'il s'agit d'un déclassé, tous ses vêtements sont couverts de taches, ce qui l'oblige à flairer sa chemise, son pantalon et son gilet, pour être sûr de ne point offenser l'odorat de ses amis par un parfum de prospérité trop accentué.

Notre Alfred appartient à cette dernière classe de gens. Aussi apporte-t-il beaucoup de soin à sa toilette, mais il est à chaque instant interrompu dans cette occupation : tantôt c'est le pipelet avec qui il faut faire un bout de causette, tantôt une voisine qui vient demander une boîte d'allumettes, et il ne peut se dispenser d'échanger quelques paroles aimables avec elle. Ainsi le temps passe, et l'auteur juge à propos de clore le troisième chapitre.

Dans le quatrième, nous voyons Alfred au café où il s'apprête à déjeûner. Il est reçu par le garçon et il commence un entretien. Le garçon lui offre un journal, puis un second, un troisième ; Alfred refuse, ensuite il se ravise et réclame des journaux, que l'établissement ne reçoit pas. Enfin le garçon demande à Alfred, pourquoi il est resté si longtemps sans venir au café ? A quoi Alfred répond qu'il vient de faire un héritage, mais comme ce n'est pas vrai, il s'empresse de changer le sujet de la conversation et prétexte un voyage à Moscou. Telle est la fin du quatrième chapitre.

Dans le cinquième chapitre Alfred flâne sur les boulevards. Chemin faisant il rencontre une marchande de fruits : Ici se place une description des seins admirables de la marchande, lesquels s'harmonisent avec une grappe de raisins juteux, qui sortent de dessous une corbeille de grosses poires.

— Est-ce plantureux ! s'exclame Alfred, sans qu'on puisse savoir s'il s'agit de la gorge de la marchande ou des grappes de raisins.

Alfred se décide enfin à mordre dans une poire ; au même instant une mouche vient se poser sur son nez, et c'est la fin du cinquième chapitre.

Dans le sixième chapitre Alfred chasse la mouche qui revient à la même place obstinément. Trois fois il la chasse, trois fois elle reprend la même position. Enfin Alfred découvre que c'est le jus de la poire qui attire l'insecte, et il jette le fruit sur le trottoir. La mouche s'envole. Pendant ce temps la marchande offre à Alfred une poire, ce qui tient une ligne dans le roman ; puis elle offre une pêche, ce qui fait une seconde ligne, et enfin une figue, ce qui vaut à l'auteur une troisième ligne. A chaque proposition Alfred répond brièvement par un non... Puis l'auteur commence le septième chapitre.

Alfred se rappelle tout-à-coup qu'il n'a pas de gants, et il entre chez une gantière. Cette bonne dame a la poitrine bombée et des hanches à faire tourner toutes les têtes... Alfred en est frappé... il a déjà vu ces hanches ! Mais quand ? comment ? Où ? Il examine attentivement la gantière et pousse un cri de joie en la reconnaissant.

— Ma tante ! Quel bonheur !

C'est la fin du septième chapitre. Dans le huitième Alfred récapitule ses souvenirs d'enfance.

— Vous rappelez-vous, ma tante, comme je vous ai épiée un jour que vous êtes allée vous baigner dans la Marne ?

— Silence ! polisson ! dit la tante en le menaçant du doigt.

Elle invite Alfred à dîner.

Le neuvième, le dixième et les autres chapitres sont consacrés à la description de l'appartement de la tante, de son mari, et des plats qu'on sert au repas.

Le mari de la jolie gantière est un arabe qui a été élevé au service d'Abd-el-Kader ; il s'est livré à la France, puis il est venu à Paris pour épouser la tante d'Alfred. Il a un grave défaut, celui de mordre dans l'extase de la passion ; il est vrai, qu'il a aussi de grandes qualités : la gantière n'a pas d'enfants. Et voila pourquoi la taille de la tante d'Alfred a conservé vierges ses suaves contours, tels que le gamin les a entrevus jadis dans la Marne.

Vient un nouveau chapitre, Alfred se rend au spectacle, et de là il va souper au café. C'est alors qu'il commet un adultère, seulement il se passe quelque chose de très difficile à comprendre : en réalité, ce n'est pas lui, Alfred, qui a commis cet adultère, mais un certain Jules, parce que lui, Alfred, n'a été ni chez sa tante, ni au théâtre, ni au café... Où était-il en réalité ? L'intrigue est palpitante, la curiosité du lecteur est éveillée au plus haut point... C'est la fin de la première partie.

Je ne suivrai pas le romancier plus loin, bien que son roman contienne dix parties et dans chaque partie au moins quarante chapitres. Dans la suite du récit ni la mouche, ni la marchande de fruits, ni la gantière n'apparaissent plus. Ces personnages étaient nécessaires pour faire des lignes, car sans cela, l'auteur se serait trouvé à court pour son compte de lignes ! Les ultra-réalistes ont une qualité : ils ne savent jamais d'avance ce qu'ils vont écrire ; ils savent seulement qu'ils doivent faire des lignes. L'auteur d'Alfred sait que ce nombre de lignes dépend du temps qu'il tiendra sa plume à la main. Et personne au monde ne pourra la lui enlever, ni lui faire entendre raison, car à toutes les exhortations, il répondra : — « Je ne suis pas un idéologue, moi, je suis un réaliste ; je ne décris que ce que je vois : je vois un enclos... je décris un enclos ; je vois des hanches... je décris des hanches. » Et ce romancier ne manquera pas d'accabler Victor Hugo de sa supériorité et de l'appeler un vieil Arlequin !...

Cette littérature stérile de pensée est juste à la hauteur du bourgeois moderne. Il aime les romanciers qui ne le fatiguent pas d'analyses psychologiques et ne lui racontent que des faits puisés dans sa propre vie, car il ne lit que pour ne pas rester tout à fait ignorant ; et voilà que pour son bonheur il s'est trouvé un enchanteur qui a compris le genre de lecture qu'il lui fallait. Cet enchanteur s'entend à faire des lignes d'un mot, et des chapitres longs comme un couplet de vaudeville. Le bourgeois achète ces productions, et lui et toute sa progéniture en sont ravis. Ils sont tous contents de vivre, et ils aiment les lignes courtes. Parfois on y rencontre des épisodes comiques dans ce goût : un monsieur qui prend un bock renverse de la bière sur son gilet blanc... ou encore, la fleuriste a la gorge rebondie, mais après un examen approfondi, on découvre qu'elle est plate comme une planche.

— Voilà notre société ! voilà ses vices ! s'écrie M. Prud'homme, et, se tournant vers sa femme, il ajoute : — Mais chez toi, ma chère amie, tout est naturel ! »

Telle est la seconde forme que revêt le réalisme français, la troisième est représentée par la pornographie. Je ne m'arrêterai pas sur ce genre de littérature, je dirai seulement que bien qu'il soit rigoureusement poursuivi par le gouvernement de la République, et que M. Prud'homme loue cette sévérité et l'encourage, cependant il ne manque pas, ce brave M. Prud'homme, quand il peut le faire en cachette, de s'en délecter jusqu'à la satiété, surtout si l'éditeur n'a pas négligé d'illustrer le texte...

Il est facile de voir que le bourgeois moderne est profondément obscène. — Pour s'en assurer il suffit de regarder les échancrures des corsages féminins. La mode découvre chaque jour une nouvelle nudité ; si aujourd'hui tout est dévoilé jusque sous les aisselles, demain il n'y aura peut-être plus de voile sur quelque autre partie non moins alléchante du buste.

Le théâtre, qui a toujours servi à lancer les modes nouvelles, répond à merveille au goût du viveur actuel ; les théâtres des boulevards, en particulier, semblent avoir pour le nu presque autant de respect que la statuaire. Assurément, jamais hussard n'a rêvé des culottes de cavalier plus collantes, plus expressives que celles qui adhèrent délicatement à la partie inférieure du tronc de Mlle Myeris dans *Les Pilules du Diable*. Il faut voir M. Prud'homme aux fauteuils d'orchestre, le front en sueur et le souffle haletant, suivre d'un œil éperdu les évolutions de ces culottes de soie !

Les Français eux-mêmes le déplorent, l'ancienne causerie française a disparu ! En effet, où trouver maintenant à Paris des salons où les marquises jouent des « proverbes » pendant que les marquis, en termes mesurés, frondent le roi et raillent Dieu et les saints ? Ces salons sont remplacés par des cercles où l'on joue, et les proverbes, par des parties fines qui s'achèvent dans des cabinets particuliers.

D'ailleurs, ne serait-il pas du dernier ridicule d'attendre l'art délicat de la causerie de personnes qui peuvent exprimer tout ce qu'elles ont à se dire, au moyen de quelques gestes simples et expressifs et qui n'ont rien à démêler avec la philosophie ? S'attendre à voir ces gens jouer des proverbes, c'est se figurer un seigneur russe faisant la révérence à son ancienne serve Palachka !

Je ne crois pas cependant qu'il y ait lieu aujourd'hui de regretter la célèbre causerie française. Elle avait sa mission dans la première partie du siècle passé, et elle a su l'accomplir en inaugurant cette renaissance intellectuelle qui a donné au monde des Voltaire, des Diderot, des d'Holbach...
Mais en 1789 la causerie perdit ses ailes, la raillerie légère et frondeuse fut remplacée par la lutte âpre et mesquine des ambitions encore inassouvies.

Au reste, nous avons comme un dernier reflet de ces causeries du siècle dernier dans les « proverbes » que donne le Théâtre Français, et qui fournissent à Mlle Croisette une occasion de montrer ses belles épaules et d'étaler la splendeur de ses toilettes. En dépit de ces attraits, les proverbes du jour risqueraient fort de contenter aussi peu le causeur du dix-huitième siècle que le viveur d'aujourd'hui. Le causeur les trouverait fades, insipides, dépourvus de sel attique et d'audace tandis que le viveur se demande à quoi bon faire tant de façons, puisque tout doit finir dans un cabinet particulier !

Ce qu'il faut regretter, c'est cette pensée rayonnante qui pendant un demi-siècle a réchauffé la France et dont la chaleur pénétrante s'est communiquée au monde entier. Puis, le bandit est survenu, et incontinent il a éteint la flamme de cette pensée. Il ne respectait personne, ni ses contemporains, ni la postérité, il mettait l'éteignoir avec une égale indifférence sur les vies individuelles et sur la vie nationale. Le succès qui couronne de si criminelles tentatives est un des plus redoutables secrets de l'histoire !

Cette domination implacable a eu pour résultat final une république sans républicains, une république de bourgeois rassasiés, ayant pour ornement des femmes sculpturalement nues, pour passe-temps une littérature plus que légère, une république dont le bien-être consiste en une abondance de provisions et de *bijoux*, avec un nombre illimité de cabinets particuliers où se chantent jour et nuit des hymnes à l'adultère.

Sans doute, c'est l'héritage qu'a légué à la France le règne du brigand, mais pourquoi le conserver? Pourquoi se maintient-il en dépit de quatre révolutions : une grande, deux moyennes et une petite?

On me répondra que la république a fait une grande conquête, à l'abri de toute critique : le suffrage universel ! Assurément, je n'ai rien à dire contre le suffrage universel, nous, les sujets du tzar, nous n'avons rien de semblable... Cependant, le suffrage universel existait du temps où régnait le bandit, et chaque fois que celui-ci l'a sollicité, le suffrage universel a répondu « oui ! » sans broncher. Enfin, est-ce que les représentants que le suffrage universel fait siéger actuellement à la chambre, diffèrent beaucoup des députés élus par ce suffrage restreint, qui faisait l'orgueil des chambres introuvables de Charles X et de Louis-Philippe ?

Cela aussi est un des mystères de l'histoire et pas un des plus consolants.

On assure qu'il s'est produit à Paris, dans ces derniers temps, un mouvement qui doit mettre fin à la domination de la bourgeoisie. En effet, après l'amnistie, les faubourgs ont semblé reprendre vie, mais ce mouvement est encore si faible, qu'on ne peut décider clairement ni son but, ni sa force, ni ses chances de succès. Pour le quart d'heure on n'entend que des déclamations violentes, qui ne produisent aucune impression, car elles ne respirent ni cette vie, ni cette passion, qui peuvent seules provoquer un mouvement sérieux.

CHAPITRE VIII

LES RUSSES A PARIS

En ma qualité de Russe, je me conduis comme tous les fils de Moscou : en débarquant à Paris je m'occupe déjà de trouver des compatriotes, et d'habitude j'y réussis toujours. Il est vrai que je viens de préférence dans la capitale de la république en automne et au printemps, au moment où elle est inondée de Russes. La facilité avec laquelle je les découvre tient peut-être aussi à ce que je descends généralement dans les hôtels que *Bedaecker* n'a pas marqués d'un astérisque.

En arrivant de la gare je tiens avec l'hôtelière la conversation suivante.

(Je dis, l'hôtelière, parce que dans ces sortes d'hôtels le maître est un Alphonse, qui vit en sybarite et qu'on ne voit pas, ou un brave homme, qui se tient dans le bureau, fait les comptes et reste sous la pantoufle de sa belle moitié).

— Avez-vous des Russes ? telle est ma première question.

— Oh ! monsieur ! mais la maison en est remplie ! Il y a le prince et la princesse de Blingloff au premier, M. de Blagouine, négociant, au troisième, M. de Stroumsisloff, professeur, au quatrième. De manière que si vous prenez l'appartement du deuxième, vous serez juste au centre.

Telle fut la composition d'un hôtel meublé dans le voisinage de la Madeleine, où je m'installai l'automne dernier. J'appris dans la suite, que le prince de Blingloff n'était autre qu'un avocat Boligolova ; la princesse de Blingloff une certaine Marie Pétrovna de la rue des Cinq Carrefours ; M. de Blagouine, le marchand Blokhine qui faisait un commerce d'œufs ; M. de Stroumsisloff, un M. Starosmisloff, professeur de latin au gymnase, qui s'était réfugié à Paris, pour se dérober aux foudres du général-gouverneur Pafnoutiev.

Il va sans dire, que je n'hésitai pas un instant à élire domicile dans cet hôtel, et deux heures après j'étais tout à fait comme chez moi dans les deux pièces que j'avais louées. Jugez de la joie qui remplit mon cœur, lorsqu'en sortant sur le palier j'entendis les sons de ma langue maternelle dans le dialogue suivant :

Une voix venant de l'étage supérieur : Matriona

Yvanovna, est-ce que tu t'endors sur l'escalier ?

Une voix venant de l'étage inférieur : Ah ! je suis en nage aujourd'hui, mais en nage ! On pourrait tordre ma chemise...

La dame s'arrêta net... en atteignant le second étage, elle venait de m'apercevoir.

— Vous êtes russe ? me demanda-t-elle ?

— Je suis russe.

— Et moi qui parlais en l'air !... Je vous en prie, ne vous en formalisez pas ! J'ai cru que nous n'avions que des Français autour de nous, et je me trouve nez-à-nez avec un Russe !

— Matriona Ivanovna ! Le samovar est prêt ! cria de nouveau la voix d'en haut.

— Nous allons prendre du thé russe ! m'explique débonnairement ma compatriote en montant le troisième étage.

« Prendre du thé russe ! » J'en suis tout révolutionné dans mon for intérieur ! Du thé et un petit *Kalatch*[1], et après, qui sait, peut-être des *tchi*[2] avec des petits pâtés cuits au four !

En un mot grâce à tous ces chers souvenirs de la patrie, deux jours après mon arrivée, j'entrai en relations avec le troisième et le quatrième étage.

N'ayant pas la patience d'attendre une occasion ou une recommandation, je pris la résolution de monter sans cérémonie et de me présenter moi-même.

1. Pain de Moscou.
2. Soupe aux choux.

Ma première visite fut pour M. Starosmisloff, le professeur de latin. Je frappai à la porte... pas de réponse. Cependant, j'entendais dans la chambre un bruit de pas circonspects et un murmure étouffé. Je heurtai de nouveau à la porte.

— C'est vous, Zakhar Ivanovitch ?

— Non, ce n'est pas Zakhar Ivanovitch.

La voix se tut, j'entendis un son de pas qui s'éloignaient, de nouveau un va-et-vient en sourdine, un froissement de papiers qu'on remue. Enfin la porte s'ouvrit et sur le seuil apparut un homme émacié, au visage pâle et effaré. Derrière la porte qui ouvrait sur la seconde pièce, le bout d'une robe noire s'engouffrait.

Je me nommai.

— Ah ! c'est vous qui êtes arrivé hier ! C'est vous ! s'écria-t-il tout confus, et moi qui croyais... Très heureux ! Enchanté !... Prenez place, prenez place !... Eh bien ! qu'est-ce qui se passe chez nous ? en Russie ? Tout ne fait que croître et embellir ? Ah ! Et ne pourriez-vous pas me donner des nouvelles du général-gouverneur Pafnoutiev ?

Il me serrait convulsivement la main et semblait avoir de la peine à revenir à lui.

— J'ai bien entendu parler de ce farouche administrateur... mais qu'est-ce qui vous a fait penser à lui en ce moment ?

— A Pafnoutiev ? mais il m'a presque rendu

fou... Figurez-vous qu'il voulait m'envoyer à Pinéga[1].

— Assurément Paris est préférable... mais puisque vous y êtes, pourquoi n'oubliez-vous pas ce farouche gouverneur ?

— Ici ? à Paris ? l'oublier ? Mais savez-vous ce que c'est qu'*ici?... ici ?...* Vous n'avez qu'à dire un mot : « Cet homme est un nihiliste » par exemple, et tout de suite on mettra des menottes aux poignets de ce nihiliste, et paff... à la gare de l'Est sur *deutch Avricourt*...voilà comment cela se passe ici ? A *Deutch Avricourt* on change de menottes, on change de voiture et de nouveau pst... à Verjbolovo !... Voilà ce que c'est qu'*ici !* Seulement cette manière de faire voyager les Russes ne s'appelle pas l'extradition, mais l'expulsion, mesure nécessaire au salut de la république une et indivisible...

— Allons donc !... Vous me racontez là des sornettes ! Vous voulez me faire croire que Gambetta.

— Gambetta ! Mais mon petit père, c'est un Pafnoutiev en son genre ! Je vous garantis que si l'on en faisait un *ispravnik*[2], chez nous, il nous montrerait où nichent les merles !... Oui !...

— Et moi, je ne mets pas en doute qu'il ferait un excellent *ispravnik*, non pas un exécuteur des ordres, sage et éclairé, mais un ispravnik sous le-

---

1. Ville du Nord de la Russie et lieu de déportation.
2. Chef de police.

quel toutes ces révolutions... Oui, monsieur, toutes ces révolutions auront fait leur temps...

C'est que lui-même il a été révolutionnaire, il connaît toutes les entrées, tous les détours, toutes les sorties... Il a tout vu de ses propres yeux, tout tâté... Je ne sais pas trop quel président de la République il serait... mais pour un *ispravnik*, j'en réponds... A propos, vous ne m'avez pas encore dit ce qui vous a attiré les foudres du gouvernement?

— Voici ce qui est arrivé... J'étais professeur de latin au collège, lorsque survinrent ces terribles temps... Vous savez ce que je veux dire?... — Je voyais tous les jours une nouvelle place vide sur les bancs... Puis, j'avais le malheur d'aimer trop Tacite... En un mot, un beau matin j'ai perdu la tête et je me suis avisé de faire traduire à mes élèves, du russe en latin, la phrase suivante:

« Les temps que nous traversons sont si cruels, sans raison, que nos neveux auront de la peine à croire qu'il ait pu exister une race d'hommes capables d'endurer ces cruautés »...

Je ne pus retenir un cri que m'arracha l'effroi, à l'ouïe de ces paroles...

Au même instant Mme Starosmisloff entra dans la chambre. C'était une petite femme très vive et qui faisait des efforts évidents pour montrer qu'elle ne partageait pas les inquiétudes de son époux. Son extérieur, bien que sympathique, n'avait rien de frappant et annonçait une nature remuante et active. En voyant ce couple, on ne pouvait s'empêcher de penser : voilà un homme qui a passé la moitié de son existence enfoncé dans les classiques, la tête farcie des récits d'Eutrope et des fables de Phèdre, quand tout à coup un élément impétueux s'est abattu sur sa vie, sous la forme d'une femme, en a balayé les fables, et lui a suggéré l'idée de commenter trop librement Tacite.

Après les présentations d'usage, Mme Starosmisloff s'écria :

— Mon mari, je n'en doute pas, a passé son temps à se plaindre de sa destinée?... Mais à quoi bon, maintenant que tout cela est fini?...

— Fini? reprit le professeur... Tu oublies Pinéga?... être déporté pour une phrase !

— Mais nous sommes à Paris et non à Pinéga! répliqua la jeune femme.

— C'est vrai, dis-je à mon tour... Je suis curieux de savoir comment il se fait qu'au lieu d'être à Pinéga vous vous trouvez à Paris?... Vous seriez bien aimable de me l'expliquer?...

— J'avais déjà fait tous mes préparatifs de départ pour Pinéga, lorsque, tout à coup, ma femme me rappela que j'avais donné cinq ans auparavant des leçons à un fils de sénateur de Saint-Pétersbourg !... Je m'accroche à cette planche de salut, et j'envoie sur le champ un télégramme. Trois jours se passent et point de réponse... Mais une semaine plus tard le directeur du lycée me fait demander, et me dit : « Vous connaissez cette règle de grammaire : *Tolle me, mu, mi, mis, si declinare domus vis ?* » — « Je la connais très bien, Votre Excellence ! me suis-je empressé de répondre. — Eh bien, continua-t-il, il est important pour nous de savoir si on observe cette règle dans les écoles, à l'étranger... Vous avez reçu la mission d'aller à Paris pour vous en assurer ? »...

Starosmisloff se tut et m'interrogea du regard, pour voir ce que je pensais de ce changement à vue. Mais ce récit m'avait stupéfié au point que je restai quelques minutes sans avoir la moindre idée à ce sujet, quand tout à coup je fus obsédé par cette pensée :

— Vous a-t-on remboursé les frais du voyage et recevez-vous des émoluments ?

Le professeur me regarda avec étonnement, il ne s'attendait pas à cette question.

— Comment donc ? répliqua-t-il d'un air contristé ; cependant je vis briller dans ses yeux une lueur d'espoir.

— Mais pourquoi pas ?... Je conviens que votre histoire ressemble à un rêve..... Mais quel est le Russe qui, dans ses rêves, oublie de réclamer ses frais de voyages et son traitement ?... Moi, je vous conseille d'écrire, à l'instant même, une supplique, dans laquelle vous rappellerez l'objet de votre mission et votre confiance de pouvoir la mener à bonne fin !... vous êtes un représentant des autorités maintenant ; vous avez une mission qui vous a été confiée par le gouvernement, et vous avez droit à tout ce qui accompagne toujours une affaire gouvernementale.

Je finis par le persuader, et, séance tenante, devant moi, il rédigea sa supplique et l'expédia en Russie sous pli recommandé.

Je pris un plaisir tout particulier à lui faire multiplier les paragraphes détaillés, puis à le voir poser sa signature au bas de cette pétition... En effet, c'était un spectacle du plus haut comique, à mes yeux, que de voir un Russe adresser de Paris une supplique à son gouvernement pour se faire indemniser de ses frais de voyage et obtenir une rémunération !

Très content de ma visite à Starosmisloff, je me rendis de chez lui à la chambre qu'occupait Blokhine et sa femme ; ces nouveaux compatriotes appartenaient à une tout autre catégorie que ceux de l'étage au-dessous.

Je me trouvai en face d'un homme assez jeune encore, d'une trentaine d'années environ, beau, bien découplé, le teint vermeil, la barbe de couleur claire et duveteuse. C'était en un mot « un beau gars russe » dans toute l'acception du terme. En le voyant à côté de sa femme Zoé, on ne pouvait s'empêcher de trouver qu'ils formaient un couple admirablement assorti.

Zoé était de taille élevée, faite au tour, comme une Vénus de Milo, et sur ce buste superbe une tête russe, le visage rond, des joues brunes colorées de roses éclatantes, des lèvres charnues d'un ponceau flamboyant, des yeux gris, largement ouverts et un peu saillants, regardant sans cesse, à l'ombre d'épais sourcils de martre. Les époux étaient accompagnés de la sœur aînée de Blokhine, une vieille fille dont la chair exubérante et molle rappelait un pâté au poisson mal cuit. Elle souffrait d'oppression. C'était en somme une très bonne personne fort communicative.

En voyant ces personnages, je me figurais qu'ils allaient se prendre par la main pour se mettre en rond et exécuter une des danses de nos moujicks, en répétant une chanson populaire : Mme Blokhine représentant la cane grise et le marchand d'œufs, le canard noir-bleu.

Mais qu'est-ce qui a pu transporter en plein Paris ces enfants de la steppe ? — C'était pour moi un mystère, qu'eux-mêmes eussent été bien embarrassés de m'expliquer. Ils savaient seulement qu'ils s'ennuyaient à mourir et qu'ils languissaient après leur patrie de Krasni-Kholm !

— La cause de tout le mal, gémissait Blokhine, c'est qu'ici nous n'avons pas de langue ; nous ne comprenons personne ; personne ne nous comprend. Sans doute, nous aurions dû penser à cela, tandis que nous étions encore là bas, mais nous

nous en sommes remis à la grâce de Dieu! Ma femme sait encore s'expliquer avec ses doigts. Le bon Dieu a donné aux femmes un don spécial pour pouvoir se faire entendre dans toutes les langues, lorsqu'il s'agit de chiffons. Ma femme sait toujours se faire comprendre. Aussitôt qu'elle entre dans un magasin, un employé vient au devant d'elle et l'accoste par un : « Madame » ?... Elle désigne l'article qui lui plaît et lève un doigt. Le vendeur en réponse lui montre deux doigts ; ma femme ajoute un demi doigt au premier, et lui, de son côté, diminue d'un quart de doigt son premier prix, et le marché est conclu. Regardez un peu quelle quantité de chiffons elle a réussi à se procurer!

Je jetai un coup d'œil autour de moi, et je fus émerveillé. Toute la chambre était littéralement couverte de cartons, de paquets, de robes, de mantilles et d'autres vêtements féminins. Il n'y avait de disponible que les chaises sur lesquelles nous étions assis.

Ce fut au tour de Mlle Blokhine de se lamenter:

— Sans les Starosnisloff nous serions morts de faim!

— Mais même avec l'aide de Starosmisloff cela ne va pas du tout, s'écria Blockhine. Nous sommes venus à Paris avec de grandes espérances, nous avions entendu vanter chez nous les dindons, les perdreaux, les turbots de Paris,... nous en avions l'eau à la bouche... Mais Starosmisloff n'a pas son gousset bien garni, et il ne veut nous conduire que dans des gargotes... Enfin, un jour, en désespoir de cause, nous sommes entrés, ma femme et moi, dans un grand restaurant, et nous n'avons pas été plus avancés pour cela ; à tout ce que nous demandions le garçon, pour toute réponse, écarquillait les yeux. Mais ce n'est pas tout... Il se trouvait là un Russe qui prit pitié de nous et commanda notre dîner... Nous ne pouvions pas faire autrement que de l'inviter... Au dessert il m'a prié de lui prête une petite somme pour quelques jours... Comment la lui refuser ?... J'ai sorti une pièce de cinq francs et je la lui ai donnée !...

— Mais pourquoi n'êtes-vous pas allés au restaurant russe? m'écriai-je.

— Nous y sommes allés... mais qu'est-ce qu'on y trouve? des *bitok*[1]. Est-ce que nous sommes venus à Paris pour nous nourrir de *bitok ?*

— Et toute la journée, ajouta plaintivement Mᵐᵉ Blokhine, au lieu de nous promener ou d'aller au théâtre, nous restons enfermés dans cette chambre, et pour toute distraction nous regardons par la fenêtre... Nous ne sommes sortis que deux fois pour nous rendre à l'église russe... Voilà tout ce que nous connaissons de Paris !

— Pensez-vous prolonger beaucoup votre séjour à Paris ?

— Nous sommes venus pour trois semaines, et

1. Côtelette russe.

nous resterons trois semaines ; il y en a déjà une de passée, encore deux, et ce sera fini.

— Eh bien ! savez-vous quoi ? J'ai une proposition à vous faire. Vous vous ennuyez, les Starosmisloff s'ennuient, et moi aussi je m'ennuie ; ennuyons-nous ensemble ! Formons une association et ressuscitons la sainte Russie au cœur même de Paris ! Cela vous va-t-il?

— Parfait ! excellent ! admirable ! répétèrent en chœur Blokhine et les deux femmes.

— Je vous conduirai dans les restaurants et les théâtres; surtout nous irons aux théâtres où l'on peut tout comprendre par la mimique. Si Starosmisloff reçoit de notre gouvernement les frais de voyage et des émoluments, il pourra nous accompagner.

Là-dessus, je parlai à mes compatriotes de la pétition que nous venions d'expédier et des espérances que nous avions fondées là dessus, puis j'ajoutai comme conclusion : — Quand nous en aurons assez de Paris, nous irons à Versailles ou à Fontainebleau,... c'est tout près.

Au premier abord, il peut sembler que l'accomplissement de mon projet de vivre à Paris comme en Russie, demandait un grand effort d'imagination et offrait de sérieuses difficultés. Mais, en réalité, pour nous autres Russes, rien de plus facile qu'une tentative de ce genre. Quand la pensée et toutes les facultés de l'âme sont restées pendant longtemps assoupies, quand le cerveau est atrophié, la curiosité la plus simple disparaît, et l'homme tombe dans un tel état d'abrutissement, qu'il ne trouve pas à Paris ce qu'il possède déjà dans son trou de province en Russie. Un esprit affaibli ne prend du plaisir qu'aux choses qu'il a vues, revues et ressassées cent fois. S'il se trouve transporté loin de ces choses connues, il s'empressera, où qu'il soit, de retomber dans son ancien genre de vie, parce que c'est le seul qu'il puisse comprendre et goûter.

Aussi rien de plus aisé que de faire revivre Krasni-Kholm au cœur même de Paris. Il suffit pour cela de descendre dans le premier hôtel venu, de défaire vos malles et de reprendre toutes vos petites habitudes, comme si vous étiez chez vous. Il est vrai que vous vous trouverez un peu à l'étroit, en comparaison de la place dont vous disposiez en Russie ; mais en revanche, vous trouverez à Paris des facilités pour vous procurer des choses tout à fait dans le goût russe, facilités qui vous manquent dans votre patrie. Par exemple, les poulets, les dindons, les perdreaux, les turbots dont nos maréchaux de la noblesse ont répandu la renommée dans tout l'empire moscovite. Enfin, il y a les magasins de Paris, dont les chiffons ont tourné la tête à toutes nos maréchales ; puis le macadam des rues, l'éclairage éblouissant, et, pour finir, les vespasiennes, ces établissements d'utilité publique, que tous nos *ispravniks* recommandent au gouvernement, comme une institution qui ne peut en rien ébranler les piliers de l'Etat. En outre, il y a encore, à l'usage des hommes les horizontales, dans le genre de celle que le riche seigneur Chompolof a fait venir à Kachine, de Paris, et devant laquelle toute la ville s'est extasiée en répétant : « Ah ! qu'elle est belle, cette friponne! »

Paris a encore un grand avantage sur Krasni-Kholm : dans la capitale de la France vous pouvez acheter une poire duchesse excellente pour dix sous, et là bas vous n'en trouverez à aucun prix ; à Paris une bouteille de Panticapée coûte six francs, à Krasni-Kholm, pour trois roubles vous n'aurez qu'une mauvaise drogue. Enfin l'habitant de Krasni-Kholm trouvera à Paris des théâtres qui satisferont complètement son goût pour les merveilles. Une seule chose lui manquera, le *stanavoï*[1], bien que, de nos jours, les habitants de Krasni-Kholm soient arrivés, d'eux-mêmes, à la conclusion que le stanovoï ne sert qu'à offusquer les yeux des braves gens.

Je peux dire que notre tentative de conformer notre vie à Paris à l'idéal d'un vrai moscovite a pleinement réussi. Il est vrai, que je me suis accordé le seul luxe qu'on ne peut se procurer à Krasni-Kholm, ni pour or ni pour argent, — des journaux ! J'en ai acheté tous les matins, et j'ai

1. *Commissaire de police rurale.*

choisi les plus terribles de tous : *l'Intransigeant*, le *Mot d'Ordre*, *la Commune*, *la Justice*... D'abord, j'avais peur d'avoir la tête tournée par cette lecture, et je me suis demandé avec effroi, si je ne m'exposais pas à devenir révolutionnaire, à mon retour en Russie? Mais cette crainte a vite passé, car je n'ai pas tardé à découvrir que ces journaux ne produisaient aucun effet sur moi.

Le reste de la journée, nous passions notre temps comme en Russie. Jusqu'à midi chacun de nous restait chez soi à boire le thé ou le café. L'après-midi nous flânions dans les rues avec une dame au bras, allant d'un restaurant à l'autre, et de café en café. Ici nous déjeunions, là nous faisions une collation, à un troisième endroit nous prenions de la bière, et les dames, de la grenadine. Au dîner Blokhine priait Starosmisloff de lui dire le nom des plats en latin, le professeur n'y manquait jamais, ce qui jetait le marchand dans des transports d'enthousiasme :

— Jamais on ne le prendra au dépourvu ! et dire qu'on voulait déporter à Pinéga un homme de cette force ! s'exclamait-il.

A trois heures notre compagnie se scindait en deux bandes, les dames commençaient leur tournée de magasins, et nous, le sexe fort, nous allions regarder les images dans les vitrines ; ce genre de distraction était surtout du goût de Blokhine, il collait ses yeux au stéréoscope et s'écriait. « Oh !

la friponne ! » puis il demandait à Starosmisloff l'explication en latin.

Une fois, nous entrâmes dans une confiserie, et le marchand en apercevant une belle petite rousse derrière le comptoir, ne put se contenir et cria en russe :

— C'est elle, c'est elle, c'est la nôtre !...

Avant que j'eusse le temps de comprendre ce qui se passait, il s'élança vers la jeune fille les yeux injectés de sang et lui cria de but en blanc :

— Tu as été à Kachine ?

La pâtissière le regardait avec stupéfaction, puis un sourire gracieux effleura ses lèvres : évidemment elle était flattée de voir que ce gros gars russe était sensible à ses appas.

Mais Blokhine ne cessait de répéter :

— Je te dis que c'est toi qui es venue à Kachine, je te reconnais.

Nous eûmes toutes les peines du monde à l'arracher de la confiserie.

Vers six heures nous rejoignions nos compagnes et nous allions dîner. Nous mangions et nous buvions à satiété, la présence de Starosmisloff nous gênait pourtant un peu. Pendant quatre jours le professeur et sa femme nous tinrent compagnie, mais le cinquième soir, Starosmisloff déclara qu'il avait mal à l'estomac et demanda un demi-bifteck pour lui et son épouse. Je compris qu'il commençait à perdre confiance dans le remboursement de ses frais de voyage et à douter tout à fait de ses émoluments.

Après le dîner nous fréquentions les théâtres ou les cafés chantants. Cependant comme les Starosmisloff n'avaient pas d'argent à dépenser, le plus souvent nous retournions à l'hôtel et nous nous mettions à répéter à tue-tête nos chants nationaux. Et je vous assure que par une chaude nuit de septembre, avec les fenêtres ouvertes, en plein Paris, en vue de la Madeleine, l'effet de nos concerts était vraiment saisissant !

Parfois, nous modifions notre programme quotidien pour aller visiter les curiosités de Paris. Nous parcourûmes le jardin des plantes et le jardin d'acclimatation, nous grimpâmes au haut de la Colonne Vendôme, nous traversâmes le musée de Cluny et enfin nous arrivâmes au musée du Louvre. Là, Blokhine nous donna de nouveau du fil à retordre : à la vue de la Vénus de Milo, ses yeux flamboyèrent et il cria de plus belle : « C'est elle, c'est elle, la Française que le marchand Champolof a fait venir à Kachine ! » Ce n'est pas sans peine que nous sommes parvenus à le calmer et à le ramener à la maison.

Blokhine me savait pourtant un gré infini de l'avoir initié à tant de merveilles.

— Sans toi, me disait-il avec effusion, qu'aurions-nous pu dire de Paris à notre retour à Krasmi-Kholm ?

Après avoir fait le tour de Paris, nous ne pouvions négliger ses environs. C'est à Versailles que nous nous rendîmes en premier lieu. Chemin faisant j'eus soin de raconter à mes compagnons le tour que j'avais joué à L... cinq ans auparavant.

Tous admirèrent ma sagacité, Blokhine en particulier en fut ravi.

— Toi, tu es un homme universel ! Grâce à toi nous voyons enfin le monde !

A Versailles nous visitâmes le palais, nous sortîmes sur la terrasse pour jeter un coup d'œil sur le jardin, nous fimes un tour dans l'allée du milieu, puis revenant sur nos pas nous hêlâmes un fiacre, pour nous conduire aux autres curiosités de l'endroit, au Trianon, au parc aux cerfs, etc., etc. Je racontai à Blokhine comment Louis XV passa sa vie dans les délices, et comment il en résulta que Louis XVI passa son temps d'une manière beaucoup moins délicieuse. Mon récit fit une vive impression sur le marchand d'œufs ; il devint rêveur, et, enlevant son chapeau, me dit d'un ton pénétré :

— Ainsi, à cette même place, des rois se sont promenés ?

— Oui, à cette même place.....

— Tous des rois, et tous des Louis ! s'écria de son côté Mme Blokhine d'un air attristé... mais son mari lui coupa la parole.

— N'en parlons plus, dit-il, que le seigneur leur donne le règne céleste et que ce soit fini.

Néanmoins ce sujet l'intriguait, et il y revint un moment plus tard.

— Mais comment ces Français font-ils pour vivre à présent sans rois ?... Ma foi, quelles drôles de gens !

— Comment ils font ? répondit sa femme, rien de plus simple : ils vivent du matin au soir et du soir au matin !

— C'est précisément ce qui m'étonne ! reprit Blokhine avec feu ! chez nous un enfant comprend déjà qu'il ne peut y avoir d'autre pouvoir que celui du roi... et en France les adultes ne le savent pas !... Ils doivent pourtant l'entendre prêcher à l'église, mais ils laissent sans doute cet avertissement entrer par une oreille et sortir par l'autre... Drôles, drôles, ces Français !

Blokhine resta un moment plongé dans une profonde méditation, il en sortit tout à coup pour s'adresser au professeur :

— Théodore Serguévitch, il y a longtemps que j'ai voulu te demander comment on dit roi en latin ?

— *Rex*.

— Et empereur ?

— *Imperator*.

— Lequel est le plus grand le *rex* ou l'*imperator* ?

— *Imperator* est un titre beaucoup plus élevé.

— Eh bien, cette fois tenez-vous pour averti.

Blokhine prononça ces derniers mots lentement et d'une voix sévère. Le professeur en l'entendant ne put réprimer un frisson.

L'ombre des rois de France avait si vivement impressionné le marchand d'œufs, que, de libéral modéré qu'il était jusque-là, il devint subitement légitimiste. Depuis sa visite à Versailles, il ne parlait plus que de rois. Il devenait rêveur, soupirait, se grattait sans cesse le dos et s'écriait : « à qui le tribut, le tribut ; à qui le péage, le péage »..... et faisait d'autres citations semblables...

Enfin, il me demanda, un jour, si les rois de France étaient de faux rois ? et quand je lui répondis que c'étaient des rois véritables, tout ce qu'il y a de plus pur, il ajouta :

— Assurément vous devez vous tromper ; il leur manquait quelque chose,... s'ils avaient été de vrais rois, tout à fait véritables, ils seraient, à l'heure qu'il est, dans leur palais de Versailles, et personne n'aurait eu le pouvoir de les en chasser...

Le lendemain nous fîmes une excursion à Fontainebleau, c'est à peine si Blokhine daigna honorer d'un coup d'œil la plume dont Napoléon s'était servi pour écrire l'acte de son abdication, il se contenta de dire :

— Il savait donc bien que le vrai roi était encore vivant, et il avait jusque-là fait semblant de l'ignorer. Je trouve qu'il s'est conduit tout à fait comme le brigand Pougatchef [1].

Peu de temps après, c'était le 17 septembre à Paris et le 5 en Russie, jour des saints Zakar et Élisabeth, je venais à peine d'ouvrir les yeux le matin, lorsque Blokhine entra chez moi d'un air solennel.

— Dieu m'a béni, dit-il avec onction. Je reviens de l'église, vous me ferez la faveur de manger avec nous le pâté.

— En l'honneur de quel saint?

— De saint Zakar... c'est le jour de mon patron. Il ne faut pas oublier, même en pays étranger, de rendre hommage à son ange gardien... J'ai commandé le pâté dans un restaurant russe...

Le restaurant russe se trouve en face de l'Opéra-Comique; ce qu'il a de plus remarquable, c'est que ses fenêtres ouvrent sur une vespasienne ouverte. En fait de plats russes, on ne trouve que le *tchy* [2], le *Koulebiak* [3], le *bitok* [4], les autres mets sont les mêmes que dans tous les restaurants parisiens. Cet établissement est très peu fréquenté et ses rares habitués ont l'air d'avoir honte de se trouver là. Ils sont pour la plupart des Russes de condition

---

1. Rebelle russe qui se donna sous le règne de Catherine II, pour l'empereur Pierre III.
2. Soupe aux choux.
3. Pâté au poisson.
4. Côtelette russe.

moyenne, et ne viennent jamais aux heures des repas, mais entre deux et trois. Ils demandent une portion de *tchy*, ou un *bitok*, tout en disant aux amis attablés que c'est leur déjeuner, tandis qu'en réalité c'est tout leur dîner. Ces amis, de leur côté, ont déjà dîné, mais ils appellent aussi cet unique repas le déjeuner, de cette manière ils dissimulent et mentent, exactement comme en Russie ; et si on leur demandait à quoi bon ces cérémonies, eux-mêmes ne sauraient que répondre.

Les rares dignitaires russes qui viennent aussi dîner, en disant qu'ils déjeunent, appartiennent à cette classe, peu nombreuse, de sénateurs qui n'ont que leur traitement pour vivre, sans aucune des gratifications qui pleuvent sur quelques-uns de leurs collègues privilégiés. Ces sénateurs infortunés ont, eux aussi, le désir de visiter Paris, mais leur fortune est modeste et leur famille nombreuse, et voilà pourquoi ils sont obligés d'aller au restaurant russe pour « déjeuner ! »

C'est dans ce restaurant que Blokhine nous conduisit, sans doute parce qu'une fête russe ne peut être célébrée sans pâté au poisson, et que c'est le seul établissement de Paris où l'on puisse trouver ce plat moscovite.

Je ne m'étendrai pas sur le menu ; Blokhine fit tout son possible pour lui donner une couleur archi-russe. Pour que l'illusion fût complète, il invita deux conseillers privés, des habitués du restaurant russe. La veille déjà ces fonctionnaires avaient flairé dans l'air qu'un marchand russe célébrerait sa fête le lendemain : et, dès le matin, ils attendaient notre compagnie, le menton fraîchement rasé, et des accroche-cœur aux tempes. Je me permets d'émettre cette supposition, parce que les conseillers-privés sont arrivés en habits de cérémonie, et dès qu'ils purent compter sur l'invitation de Blokhine, ils ont sorti de leurs poches deux décorations pour les suspendre délicatement à leur boutonnière, ainsi que le prescrit le règlement.

A table, les conseillers-privés prirent place aux deux côtés de Mme Blokhine ; je remarquai que pendant qu'on servait le convive de droite, l'autre lui lançait un regard d'envie et semblait appréhender de voir les plats lui arriver allégés des meilleurs morceaux. Je notai aussi que les conseillers privés prenaient double portion, une pour leur personne et l'autre pour leur rang ; et qu'ils n'accomplissaient point cette cérémonie par gloutonnerie mais par principe. Blokhine, loin de s'en formaliser, insistait pour qu'ils ajoutassent encore une cuillerée pour leurs décorations.

Nous avons mangé et bu pendant une heure et demie. Lorsque les conseillers privés tombèrent dans l'abrutissement à force de s'être régalés, et que les autres convives furent tout émoustillés, je profitai de l'occasion pour me lever et pour prononcer le speech suivant :

— « Zakar Ivanovitch, en célébrant avec vous la fête de votre patron, je me transporte par la pensée dans notre chère patrie, et dans toute cette vaste étendue de territoire je cherche le coin modeste où vous avez pour la première fois ouvert vos yeux à la lumière. Cette petite ville a été témoin de vos jeux enfantins, elle vous contemplait d'un œil attendri, quand, encore adolescent, sous la direction de votre honorable père, vous avez été initié à l'industrie des œufs. C'est avec un véritable enthousiasme qu'elle a vu germer dans votre cœur, toujours ouvert à tout ce qui est grand et beau, des semences de dévotion et la passion d'élever des églises et des clochers.

A ces mots, Zakar Ivanovitch et sa sœur se signèrent dévotement, tandis qu'un des sénateurs-privés tendait à l'amphitryon sa joue, rendue glissante par le rasoir.

« Et voilà, continuai-je, maintenant que votre père n'est plus, votre négoce d'œufs, loin d'avoir diminué d'importance, a pris sous votre administration une extension nouvelle et atteint un degré de prospérité inconnu jusqu'ici. Gloire à vous, Monsieur ! car il faut savoir ce que c'est qu'un œuf, et quel rôle il joue dans l'économie des sociétés humaines ! Il faut savoir par expérience combien ce produit est fragile, et à quels dangers il est exposé durant le transport, quand il vient de pays lointains, pour comprendre à quel point vous avez mérité de la patrie. Je sais, Monsieur, que vous avez pour auxiliaires dans vos délicates opérations, votre chère épouse et votre honorable sœur. Ce choix fait honneur à votre sagacité commerciale et prouve que vous vous êtes pénétré du sens de ce proverbe latin : *concordia res parvae crescunt* et sans la concorde : *magnae res dilabuntur*. Je bois donc à la santé de ces dames, vos aides dans l'industrie des œufs ! Multipliez-vous, croissez sans entraves, car le premier devoir d'un marchand de la première guilde est d'augmenter le nombre des enfants de marchand ! » Je bois à votre postérité ! »

Je m'arrêtai un moment pour reprendre mon souffle, et nous en profitâmes pour nous embrasser. Je dois avouer que le baiser le plus agréable à recevoir fut celui de Mme Blokhine, et le plus fade, le seul qui me dégoûta, celui des conseillers privés, dont les lèvres flétries et décolorés faisaient l'effet d'une cicatrice au milieu du visage. Quand nos effusions furent un peu calmées, je repris le fil de mon discours :

— « Je manquerais à tous mes devoirs, si au milieu de cette fête touchante, je passais sous silence une autre héroïne, qui est toujours présente dans nos cœurs, je veux parler de notre chère patrie absente ! Je renonce à énumérer les bienfaits qu'elle répand sur nous d'une main généreuse ! Nous tous qui sommes réunis ici, nous portons la marque de ses bienfaits : les uns ont été nommés par elle conseillers privés, d'autres seront conseillers de commerce ; d'autres encore ont été initiés par sa sollicitude aux mystères de la grammaire latine, et nos épouses et nos sœurs ont reçu d'elle la modestie et les autres vertus qui leur siéent si bien. Mais n'oublions pas que si la patrie étend sur nous sa main bienfaisante, elle attend de nous en retour, que nous nous soumettions aux autorités, que nous les respections et que nous les aimions. Car je vous le demande, en vérité, qu'est-ce que c'est que la patrie ? (A cette question Blokhine fit une moue embarrassée.) La patrie, Monsieur, c'est un territoire sur lequel nous pouvons établir notre domicile, après nous être légalement munis d'un passe-port. Mais il est de mon devoir de ne pas vous dissimuler que ce territoire change souvent de limites, soit à la suite de conquêtes ou de défaites, ou par le fait de conventions et de traités diplomatiques. Par exemple, jusqu'en 1871, Strasbourg faisait partie de la patrie française, et maintenant, grâce au traité de Paris, il est devenu une patrie allemande, et il sera peut-être un temps où il redeviendra une patrie française ! C'est ainsi qu'Ismaïl a été pendant longtemps notre patrie, après la guerre de Crimée nous l'avons perdu et maintenant il est de nouveau à nous. Qui sait, nous verrons peut-être un jour des *ispravniks* à

Merv [1], comme nous en avons déjà à Batoum depuis la dernière guerre. Grâce à tous ces changements l'amour de la patrie devient un sentiment abstrait, et c'est pour le rendre concret qu'on nous donne un gouvernement. Le gouvernement représente un corps organisé inébranlable qui a des contours précis ; il commence par le simple magistrat de quatorzième classe pour finir par les conseillers privés... et nous devons obéir à tous ses représentants depuis le premier jusqu'au dernier, et les aimer tous également. Sans doute, il est parfois un peu dur d'obéir à un agent de police, mais cette amertume est amplement compensée par la douceur qu'on trouve à exécuter les ordres d'un conseiller privé»...

Je fus contraint d'interrompre de nouveau mon speech. Cette fois ce ne fut pas de mon plein gré ; les louanges que j'avais décernées aux conseillers privés avaient si délicieusement chatouillé l'amour-propre des deux fonctionnaires, qu'ils se levèrent spontanément et firent le tour de la table présentant à chacun leurs joues rasées pour recevoir un baiser. Enfin, tout rentra dans l'ordre, et je pus reprendre mon discours :

— Malheureusement nous voyons dans cette vie l'exemple de bien des égarements. La plupart des hommes aiment passionnément leur patrie, même

---

1. Cette prédiction s'est réalisée, Merv appartient à la Russie depuis l'année dernière.

quand ils ne peuvent pas en préciser les contours, mais un très petit nombre d'hommes est capable de s'élever à un amour passionné des autorités. La cause de cet éloignement consiste peut-être en ceci : la patrie ne nous encombre pas de règlements, tandis que le gouvernement ne peut nous laisser faire un pas sans nous garrotter de règlements. Il y a peut-être une autre cause ; la voici : la patrie nous appelle « ses enfants » tout bonnement, tandis que les autorités ajoutent « enfants de chienne ! »... A vrai dire, je pense qu'il n'y a là qu'un malentendu insignifiant, car, bien que partisan du patriotisme, je ne peux approuver ceux qui veulent séparer les idées de gouvernement et de patrie. Oui, Monsieur, les autorités sont le produit de la patrie qui, à son tour, est le produit des autorités... Et si je vous ai dit, en commençant, que la patrie a créé quelques-uns d'entre nous conseillers privés et en fera d'autres conseillers de commerce, j'ai parlé au sens figuré, car la patrie ne peut accomplir par elle-même ces transformations, mais seulement par l'intermédiaire de son agent naturel, le gouvernement !...

Blokhine transporté en m'entendant, pour la seconde fois, parler de conseiller de commerce, titre honorifique qui était depuis longtemps l'objet de ses plus intimes visées, ne put contenir plus longtemps sa joie et m'interrompit en criant :

— Du champagne !

Les convives saluèrent cet ordre de trois vigoureux : hourra ! hourra ! hourra !

— Eh bien, continuai-je, je suis convaincu que les malentendus qui se produisent entre les autorités et leurs sujets, sont dus à la faiblesse inhérente à la nature humaine. Oui, l'homme est faible, et par moment, précisément les jours où il est incapable de résister à la tentation, les autorités sont prises de leur côté d'une démangeaison folle d'exercer leur pouvoir dans toute sa rigueur. Heureusement la Providence, tout en semant la route de l'homme d'épreuves salutaires, lui a donné en compensation le don précieux du repentir. Qu'est-ce pour un coupable que de prononcer ce petit mot : pardon ! ce n'est qu'un mot, un simple mot, et cependant quelles perspectives bienheureuses il ouvre devant celui qui sait le dire à temps ! J'ignore, Messieurs, quel peut être votre sentiment là-dessus, mais quant à moi, si je me sentais en faute, je n'hésiterais pas à venir devant les autorités et à leur demander pardon ! Et si, dans la suite, je commettais un nouveau péché, j'implorerais de nouveau mon pardon ; et je le ferais d'autant plus volontiers, que je sais qu'en réalité il m'est impossible de me soustraire aux autorités. Je sais qu'elles me retrouveront partout, et que partout elles sauront m'infliger mon châtiment. Pourquoi ne bénéficierai-je pas de l'influence de ce mot magique ? Ainsi maintenant élevons nos verres, et que ceux d'entre nous qui peuvent avoir sur la conscience un péché contre les autorités demandent à haute voix : Pardon ! avant de recommencer une nouvelle série de fautes et de repentir ! J'ai dit.

L'effet de mon speech fut saisissant. Le professeur en particulier avait les larmes aux yeux, et le nez de Mme Starosmisloff était subitement devenu tout rouge.

Blokhine fut le premier à rompre le silence qui suivit mon discours ; il me dit d'un ton pénétré :

— Tu m'as touché jusqu'aux larmes, embrassons-nous.

Ce fut le signal d'une véritable explosion de sentiments. Starosmisloff s'élança vers moi et me dit d'une voix entrecoupée :

— Vous venez de m'enlever un grand fardeau, qui me pesait lourdement... Ah ! si vous saviez ce que j'ai souffert ! Kapitolina ! mon épouse chérie !

En réponse à ce cri du cœur, Mme Starosmisloff sourit à travers ses larmes, et dit :

— Si tout le monde est de l'avis de Monsieur, eh bien, fais une tentative.

Le croirez-vous ? Un miracle fut la réponse qui accueillit cet acte de contrition, et cela le soir de ce même jour.

En rentrant à l'hôtel, le professeur trouva une lettre du général Pafnoutiev lui-même qui, pour se conformer aux ordres des autorités, priait

M. Starosmisloff d'oublier ses fureurs conservatrices, et de croire que dorénavant il ne trouverait pas dans toute la Russie un libéral plus convaincu que lui, le général Pafnoutiev ! En même temps il croyait de son devoir de mettre le professeur en garde contre les illusions funestes... A cette missive était jointe la somme qui devait défrayer Starosmisloff de ses dépenses de route.

Je renonce à décrire la joie dans laquelle cette nouvelle jeta toute notre petite colonie. Mais pour moi cette joie ne fut pas exempte de regrets, car dès le lendemain, les Blokhine ainsi que le professeur et sa femme partirent pour la Russie. Je restai de nouveau seul, en proie à cette pensée douloureuse : Qu'est-ce que le bon Dieu va encore m'envoyer pour m'aider à supporter ma solitude au milieu de ce désert qui regorge d'hommes ?...

CHAPITRE IX

LE GÉNÉRAL CAPOTTE

J'ai déjà dit dans le chapitre précédent que le Russe, dès qu'il se trouve à l'étranger, doit par-dessus tout fuir la solitude. L'isolement donne le loisir de penser, et quiconque pense se souvient, s'interroge, et, pour peu que sa conscience soit encore vivante, ressent les aiguillons de la honte. Il en résulte un abattement qui déprime l'âme.

Ce fut ce qui m'arriva après le départ de mes compatriotes. A mon retour de la gare je me sentis tout à coup si seul, si isolé, que je fus sur le point d'envoyer quelqu'un au restaurant russe, pour inviter les deux conseillers-privés ; cependant j'eus assez d'empire sur moi-même pour m'en abstenir. Je m'avisai tout à coup que depuis trois semaines que j'errais dans Paris, j'étais bien loin d'avoir vu toutes les curiosités de l'incomparable cité, et il me vint l'idée héroïque que je serais peut-être capable de supporter l'existence sans le secours des conseillers-privés.

Pendant deux jours je luttai contre moi-même, en me cramponnant à cette résolution, mais je dois avouer que ces deux jours ont été les plus pénibles de ma vie. Pour mon malheur, je ne fus pas plutôt livré à moi-même, que je me mis à penser et qu'une foule de questions indiscrètes assaillirent mon cerveau. Quelles étaient ces questions? Je ne sais vraiment comment les désigner; les personnes bienveillantes les appelleront inopportunes, et les autres — les personnes malicieuses, diront que ce sont des questions subversives! Quant à moi, je pense que... mais que le lecteur en soit juge lui-même les voici :

Première question : l'histoire est-elle une étude consolante ?

Je sais qu'il y a quarante ans j'aurais répondu sans hésiter : « Oui, c'est une étude consolante. » Mais aujourd'hui, qu'est-ce que je dirai ? A peine cette question s'est-elle formulée dans ma tête, et me suis-je mis à l'analyser, que j'ai cru voir distinctement surgir de terre le général-major Déterminé, dont les yeux fulminaient et menaçaient de me foudroyer. Je fus saisi d'épouvante.

— Laissons cette question à demain, me dis-je à moi-même, et je n'eus rien de plus pressé que de me cacher tant et si bien, qu'on ne put pas même apercevoir le bout de mon nez.

Seconde question : Est-il permis de vivre pour le peuple et par le peuple.

Il y a quarante ans, j'aurais répondu sans hésitation : non-seulement c'est possible, mais il est impossible de vivre autrement. Et aujourd'hui ?... Aujourd'hui, il suffit que je commence à suivre cette idée dans ses développements, « en dehors du peuple toute activité est vaine et insensée », pour que je voie apparaître devant mes yeux tous les vigoureux gaillards sortis des halles, et cette bande de brigands et d'aventuriers qui ont, comme Napoléon III, cultivé le principe de « tout pour le peuple et par le peuple... » Et pour conclusion je me dis : remettons cette question à demain !

Enfin voici le troisième problème : est-il possible de mener une vie basée sur le principe qu'on ne doit ouvrir la bouche que pour se gaver et remplir sa panse ! Il y a quarante ans, j'aurais répondu sans ombre d'hésitation : C'est impossible !... et maintenant que répondrai-je ?... Laissons cette question à demain !

Décidément, rien n'avait plus le pouvoir d'éveiller mon esprit engourdi... Je souffrais si cruellement de cet état de choses, que je fus sur le point de crier au garçon :

— De l'eau-de-vie !

Par bonheur, je me souvins à temps qu'à Paris cette liqueur n'est pas, comme en Russie, d'un usage si général, qu'on puisse à volonté y puiser la consolation.

Je pris le parti de me mettre au lit ; après deux jours d'ennui et d'angoisse, j'étais arrivé à la conclusion, qu'il y a des situations dans lesquelles l'ivrognerie doit être considérée non comme un vice, mais comme une nécessité qui s'impose impérieusement aux âmes désespérées.

J'étais horriblement agité, et je m'endormis d'un sommeil fiévreux. Tout d'abord je vis défiler sous mes yeux des images confuses, sans liaison, et sans suite, mais peu à peu mon rêve prit une forme déterminée, et j'assistai à un colloque qui s'établit entre la Vérité et une truie. Ce dialogue est si curieux, que je crois désirable de le communiquer au lecteur tel qu'il est resté dans mon souvenir.

LA TRUIE TRIOMPHANTE

OU

DIALOGUE ENTRE LA TRUIE ET LA VÉRITÉ

(FRAGMENT)

Personnages

LA TRUIE. *Animal doué d'un grand embonpoint et aux soies brillantes.* LA VÉRITÉ. — *Vieille femme passablement usée, bien qu'on se la représente éter-*

nellement jeune. *Elle est par l'ordre des autorités couverte de haillons à travers lesquels on devine sa nudité.*

L'action se passe dans une étable

LA TRUIE (*en s'agitant*)

J'ai entendu dire qu'un soleil luit dans le ciel, est-ce vrai ?

LA VÉRITÉ

Oui, la Truie, c'est vrai !

LA TRUIE

Allons donc ! Je vois bien que tu te moques de moi ! Je n'ai jamais vu le soleil, et voici combien d'années que je suis dans cette étable ?

LA VÉRITE

C'est parce que la nature en te créant, a dit : toi, Truie, tu ne verras jamais la splendeur du soleil.

LA TRUIE

Ah ! tu crois cela ? (*d'un ton sentencieux.*) Moi, je crois au contraire que tous ces soleils ne sont que des fables. Voilà !

LA VÉRITÉ

Elle reste silencieuse et, toute confuse, ramène pudiquement ses haillons autour d'elle. Dehors des

voix crient : *Tu as raison, la Truie, tu as raison ;
ce sont des fables, des fables !*

LA TRUIE (*en se démenant*)

Est-ce vrai aussi ce qu'on écrit dans les journaux, que la liberté est ce que la société humaine possède de plus précieux ?

LA VÉRITÉ

C'est vrai !

LA TRUIE

Moi, je crois au contraire que nous n'avons que trop de liberté ! Je ne sors jamais de mon étable, en suis-je plus malheureuse pour cela ? Ai-je besoin de plus de liberté ? Qu'est-ce qui me manque ? Quand cela me fait plaisir, je peux plonger mon groin dans l'auge, et, quand la fantaisie m'en prend, me vautrer dans la fange à cœur joie !... Quelle liberté me faut-il encore ? (*sévèrement*). Toi, tu n'es qu'une traîtresse !

LA VÉRITÉ

D'un mouvement pudique elle cherche à voiler sa nudité, tandis que la foule hurle : Tu as raison, la Truie ! Quelques voix crient : au violon la Vérité ! La truie grogne de suffisance et de satisfaction, en se voyant ainsi à la hauteur des circonstances.

LA TRUIE

A quoi bon la mettre au violon ? On l'y gardera quelques heures, pour la forme, et ensuite on la relâchera pour la laisser courir le monde. (*La Truie se couche dans le fumier et prend un ton lamentable*). De nos temps, les policiers tiennent le même langage que les journalistes. Pas plus tard qu'hier, j'ai lu dans un journal que tout va de travers chez nous, parce que les lois ne sont promulguées que pour la forme.....

LA VÉRITÉ

Et toi, la Truie, tu sais lire ?

LA TRUIE

Oui, je sais lire... Je sais même lire entre les lignes, et je comprends tout autrement que ce n'est écrit ! J'interprète à ma guise. (*La truie se tourne vers la foule et lui crie*). Savez-vous, mes amis, ce que nous allons faire de la Vérité ?... Nous allons tous les jours en ronger un morceau (*La truie approche de la Vérité en grognant, happe ses mollets en faisant claquer son groin*).

LA VÉRITÉ

Elle se contracte de douleur; la foule pousse des hurlements d'approbation à l'adresse de la Truie.

LA TRUIE (*à la Vérité*)

Eh bien, En as-tu assez ? C'est bon pour cette fois ! (*Elle lâche la jambe de la Vérité.*) Maintenant me diras-tu quelle est la cause du mal ?

LA VÉRITÉ (*éperdue*)

La cause du mal !... la cause du mal !... (*avec fermeté et spontanément*). La cause du mal, c'est toi, la Truie !

LA TRUIE (*furieuse*)

Ah ! voilà comment tu raisonnes ?... Eh bien, je t'engage à te tenir sur tes gardes !... Est-il vrai que tu as soutenu que la vérité humaine est de beaucoup au-dessus de la vérité policière et gouvernementale ?

LA VÉRITÉ (*elle cherche à se tirer d'embarras*)

... Bien que, sans doute, dans certaines conditions de la vie, il est impossible de...

LA TRUIE

Non, pas de détours,... réponds franchement... Est-ce que tu crois de bonne foi qu'il y a une vérité au-dessus de celle des policiers ? Est-il vrai que tu aies dit que les lois doivent protéger tout le monde également, et que sans cela la société deviendra un chaos d'éléments contraires. De quelles lois voulais-tu parler ? De quel droit t'es-tu avisée de donner des conseils, et à qui ?

LA VÉRITÉ

Oh ! la Truie !... Oh ! que tu es perfide !..

LA TRUIE

Est-ce que tu crois me faire honte en me disant

que je suis une truie ? Je le sais sans qu'on me le répète (*ironiquement*). Et je sais aussi que toi, tu es la Vérité ! (*La truie fait claquer ses dents et s'adresse à la foule.*) Regardez bien, mes enfants, vous allez voir comment la Truie arrange la Vérité !... Dites, cela vous va-t-il. (*Elle saisit de nouveau la jambe de la Vérité.*)

LA VÉRITÉ

Elle se tord de douleur. La foule pousse des cris de satisfaction: Ronge-la, Ronge-la, cette gueuse qui se mêle de prêcher ! . . . .

. . . .

Ici le dialogue s'interrompit. Je fus réveillé en sursaut par des coups redoublés frappés à ma porte.

C'était mon hôtelière qui montait pour voir ce qui m'était arrivé. Un voyageur, qui allait au quatrième, avait entendu mes soupirs depuis l'escalier. L'hôtesse était accourue tout alarmée.

Elle se demandait si, dans mon désœuvrement, pour charmer mes loisirs, je ne me serais pas livré à des expériences sur le suicide ? Elle fut ravie en apprenant que la cause de tout ce bruit était un rêve, dans lequel j'avais vu une truie.

— Mais cela m'arrive tous les jours ! s'écria-t-elle. Et de la manière la plus naturelle du monde, mon hôtelière m'expliqua ce singulier phénomène

L'hôtel où je demeurais était situé en face du marché de la Madeleine, où arrivaient tous les soirs des troupeaux de porcs. Ce voisinage bruyant procurait à tous les habitants de l'hôtel le désagrément de voir un de ces animaux leur apparaître dans leur sommeil.

— Les premiers temps, dit mon hôtesse, je trouvais ces rêves bien pénibles; cependant je m'y suis assez vite habituée, mais mon pauvre mari a cru qu'il en deviendrait fou. Maintenant cela nous est égal, nous voyons chacun de notre côté un cochon, toutes les nuits, et nous n'en dormons pas plus mal.

La bonne femme fut très étonnée en apprenant que les bêtes qui nous apparaissaient ne se ressemblaient pas : ma truie mangeait les hommes, celle de l'hôtelière était mangée par eux.

— En France nous n'avons pas de bêtes semblables, me dit-elle ; mais tous les Russes qui sont descendus ici se sont plaints d'avoir fait des rêves dans ce genre... Et savez-vous, je l'ai remarqué plusieurs fois, ces cauchemars leur survenaient toujours après le départ d'amis, avec lesquels ils avaient mené joyeuse vie, et lorsqu'ils se retrouvaient subitement tout seuls. Oui, c'est le résultat de l'ennui et de l'isolement.

Je dus convenir que mon hôtesse avait raison. La solitude nous oblige à penser, et nous autres Russes, nous n'en avons pas l'habitude, c'est pourquoi elle ne vaut rien pour nous ! Réunis en compagnie, nous pouvons encore supporter l'existence ; on tue le temps en faisant une partie de baccarat ou un souper fin au restaurant, mais dès que l'un d'entre nous se trouve seul, livré à lui-même, il ne sait plus à quel saint se vouer. C'est ce que je m'efforçai d'expliquer à mon hôtelière :

— Voyez-vous, chère madame, nous, Russes; nous sommes timides, nous sommes trop habitués à ce qu'on prenne soin de nous. Nos autorités nous retournent dans tous les sens,... pour notre bien, sans doute..... Mais, quand même, cela nous rend craintifs, et dès que nous sommes seuls, nous avons peur que quelqu'un se présente pour nous demander à quoi nous pensons ?...

— Très bien, mais quand vous vous trouvez à l'étranger, mon cher monsieur ?

— Cela n'y fait rien... Un enfant qu'on effraie chez lui voit partout des loups... C'est pourquoi, nous, Russes, nous avons peur des garçons de restaurant et des gardiens du musée... Oui, chère madame, réfléchissez un peu à ce que je viens de vous dire, dites-moi s'il est possible avec cela d'avoir des rêves tranquilles ?

Ces aveux touchèrent au cœur la bonne femme. Ses yeux se voilèrent, et je l'entendis murmurer plus d'une fois avec beaucoup d'émotion :

— Saperlotte, Saperlotte !

— Le seul moyen d'écarter ces visions pénibles, continuai-je, c'est de vivre en société, de façon à n'être jamais seul et à n'avoir pas le loisir de penser. J'ai entendu dire qu'on peut trouver à Paris des gens qui, moyennant un salaire convenable, consentent à tenir compagnie aux étrangers. Ne connaîtriez-vous pas quelqu'un, chère madame ?

L'hôtelière resta un moment absorbée dans ses réflexions, évidemment elle fouillait dans ses souvenirs. Tout à coup elle se tapa la cuisse en s'écriant :

— Bravo ! j'ai votre affaire !... Ah ! vous serez bien, bien content, mon cher monsieur ! Je ne vous dis que ça.....

En effet, une demi-heure plus tard, elle frappait de nouveau à ma porte, accompagnée d'un gaillard musculeux, trapu et fort, d'un âge assez avancé.

— Le général Capotte ! dit la bonne femme en me le présentant.

J'avais devant moi un personnage remarquablement bien conservé pour son âge. Il avait, à ce que j'ai appris depuis, déjà soixante ans et ne les portait certainement pas. Cependant il était étrangement bâti ; le buste et la tête penchés en avant, le ventre enfoncé, et toute la partie inférieure du corps rejetée en arrière. Ses mains étaient retournées, le bras gauche étendu devant lui avec l'index et le médium en avant, le bras droit replié au coude, et le poing serré, comme s'il tenait quelque chose. L'attitude des jambes n'était pas moins frappante : la gauche se présentait dans la première position, le talon en avant, tandis que la droite restait en arrière légèrement relevée.

Je me souvins d'avoir vu de telles caricatures sur les enseignes de nos auberges de province.

Son visage aussi semblait avoir été fait exprès pour la circonstance : des joues blanches et cartilagineuses, un œil louche et scrutateur, tandis que l'autre errait dans le vague ; la bouche était de travers. Pour comble d'étonnement, ce compagnon, que le sort m'envoyait, portait l'uniforme du ministère de l'instruction publique en Russie.

Il me tendit silencieusement sa carte de visite qui portait d'un côté l'inscription suivante :

Jean-Marie-François-Archibald Capotte
CONSEILLER D'ÉTAT ACTUEL
Ancien professeur de billard.

De l'autre côté de la carte était écrit en russe :

Ivan Arkhipovitch Kapotte
CONSEILLER D'ÉTAT ACTUEL
PÉDAGOGUE

Cette carte fut un trait de lumière, du coup je compris toute la bizarrerie du personnage ; une seule chose resta douteuse pour moi : devais-je l'appeler, « Votre Excellence, » ou tout simplement « Capotte ? »

Il était certain, que dans le café auquel Capotté était attaché, comme partenaire toujours disposé à faire une partie de billard, moyennant une côtelette et deux verres de *gorki* par jour, on l'appelait « Monsieur le général ». Cependant il me fit l'effet d'être non pas un conseiller d'Etat actuel, mais un véritable aventurier.

Nous, Russes, nous sommes très pointilleux à ce sujet. Tout en étant tout prêts à reconnaître que ceux qui tiennent les registres de l'état méritent des récompenses, nous regardons d'un œil soupçonneux les professeurs de billard, d'escrime et de l'art chorégraphique qu'on gratifie de ces beaux titres. En effet, n'est-il pas étrange, pour dire le moins, lorsqu'on assiste à un ballet, d'apprendre que le personnage en maillot qui vient d'exécuter des entrechats merveilleux n'est autre que le conseiller d'État, Marius Petitpas ?

Cette manière d'affubler de titres honorifiques le premier venu, paraîtrait de la dernière inconvenance à Paris. Gambetta lui-même n'a jamais reçu en France le titre de conseiller d'État actuel....

Après ces réflexions, et quand j'eus inspecté une seconde fois les jambes contournées de mon visiteur, je pris le parti de l'appeler tout bonnement : mon cher Capotte.

— Eh bien, mon cher Capotte, vous consentez à

me tenir compagnie... Permettez-moi de vous demander vos conditions ?

Il ne répondit pas du premier coup et commença par faire son prospectus. Il me raconta que tous les nobles étrangers, et en particulier mes compatriotes, s'adressaient à lui, car il était non seulement un compagnon de plaisir, mais un homme de bon conseil. Tous les projets de réforme que de grands seigneurs étrangers ont rapportés chez eux avaient été suggérés par lui, Capotte. Par exemple, tout récemment le prince Boukiasba a publié un projet : *Que faire du moujick ?* qu'il donne au public pour sa propre composition, et qui est en réalité l'œuvre de Capotte.

— Le prince Boukiasba, m'expliqua mon compagnon, ne souhaitait même pas la solution qu'il propose maintenant ; le prince pensait qu'il faut enchaîner les moujicks. Eh bien, je l'ai décidé à s'en remettre au jugement de notre café... c'est un lieu de rassemblement pour tous les démocrates...

— Et il n'y a pas de mouchards, Capotte ?

— Hum ! vous comprenez..., si c'est absolument nécessaire dans l'intérêt de la vérité...

— Allez toujours, Capotte...

— Eh bien, après un examen approfondi de la question, nous avons décidé au contraire de laisser libre le moujick et de mettre des entraves aux libéraux, en donnant aux gros gaillards du marché à volailles l'ordre de les surveiller.

... — Écoutez, Capotte,... vous parlez étonnamment bien le russe ?

Il se montra très flatté de cette remarque.

— Oh ! de cœur je serai toujours russe, me répondit-il.

Et pour me le prouver, il prononça quelques mots énergiques avec tant de conviction, que les échos de la chambre en furent ébranlés.

— C'est très bien, Capotte,.. mais inutile d'accentuer !

— Ainsi vous êtes disposé à m'aider à tuer le temps ?

— Très volontiers, répondit-il.

— Le temps est notre grand ennemi ! nous nous ennuyons, Capotte. Ah ! si vous saviez comme nous nous ennuyons !

— En effet, les Russes sont plus sujets à l'ennui que les autres hommes ; je crois que cela tient à ce que l'on vous gâte trop dans votre pays. Vos compatriotes n'aiment pas à prendre la peine de penser ni même de parler. J'ai connu un colonel russe qui de toute sa vie n'a pas adressé une seule fois la parole à son brosseur, il se contentait de s'expliquer par signes.

— Ah ! Capotte, mais c'est là justement,..

— L'idéal ! voulez-vous dire ? J'en doute pourtant, car parler en soi n'est ni pénible ni désagréable ! Un silence perpétuel rend les hommes moroses, et la taciturnité engendre l'ivrognerie ; tandis qu'un homme qui aime à causer néglige l'eau-de-vie et n'absorbe que des boissons qui favorisent la sociabilité. Les Russes sont très bien doués... mais ils ne parlent pas... Ah! quand ils commenceront à parler!...

— Merci, Capotte!

— Oh! la Russie a un grand avenir, mais tout dépend de l'époque à laquelle le don de la parole lui sera octroyé et dans quelle mesure il lui sera permis d'en user. Par exemple, si on le lui accorde dans mille ans...

— Merci, Capotte!

— Voyez-vous, nous, Français, nous parlons depuis le matin jusque tard dans la nuit, continua mon interlocuteur; et il nous arrive de temps en temps de dire quelque chose. Mais si l'on nous obligeait à garder le silence pendant mille ans, nous retournerions bien vite à l'état sauvage.

— Encore une fois, merci, Capotte... mais je trouve cette conversation déplacée... Revenons au sujet de notre entretien, quelles sont vos conditions?

— Mes conditions sont invariables: dix francs par jour, voilà mon prix; en outre si vous allez au théâtre, j'ai droit aux mêmes places que vous, et au restaurant aux mêmes plats. Si des circonstances vous obligent à rester seul où que ce soit, je vous attends dans le café voisin, et vous payez ma consommation. En retour je me mets à votre disposition depuis onze heures du matin jusqu'après la clôture des théâtres. Dans les cas exceptionnels et urgents vous pourrez me retenir plus tard.

Je trouvai les conditions un peu dures pour ma bourse, mais la crainte de revoir la truie dans mes rêves l'emporta, et j'acceptai immédiatement les offres de Capotte.

— En principe, je ne vois rien à redire à vos conditions, lui dis-je ; cependant, avant de conclure, je tiens à vous poser deux questions, voici la première : de quoi parlerons-nous ?

— Je peux vous parler de tout, répondit fièrement Capotte. J'ai passé trente années en Russie. Si vous tenez à être initié aux plaies qui rongent votre pays, je peux vous les énumérer toutes, je les connais sur le bout du doigt ; si vous désirez, au contraire, que je vous entretienne des vertus de la Russie, je suis encore à votre disposition. Puis je sais bon nombre d'anecdotes sur vos grands hommes d'État, et je suis certain que mes histoires vous amuseront énormément. Voilà le programme que je me propose de suivre en ce qui concerne la Russie. Quant à la France, vous pouvez me poser n'importe quelle question, j'aurai à toutes une réponse catégorique.

— Parfait... Mais voici ma seconde question ; répondez-moi franchement, Capotte, ne seriez-vous pas un mou... un mouch... c'est-à-dire un liseur de cœur ?

15.

Je m'attendais à le voir se troubler, il n'en fut rien, il continua de me regarder en face avec dignité ; évidemment ce n'était pas la première fois qu'on lui posait cette question.

Il répondit d'une voix assurée :

— Comme occupation quotidienne, non..., mais je ne vous dissimulerai pas que, lorsque les circonstances m'y contraignent, je me montre toujours à la hauteur de la situation.

Tout en faisant cet aveu, il se leva comme s'il était prêt à se retirer. La force des préjugés contre les liseurs de cœur est telle, que même ce vigoureux gaillard semblait redouter ma désapprobation.

Je m'empressai de le rassurer.

— Ne craignez rien, Capotte, lui dis-je... Sans doute le soin de lire dans les cœurs est un métier qui n'a pas ma sympathie, mais je comprends que tout état civilisé a besoin d'hommes qui l'exercent, et qu'il est impossible de s'en passer, par conséquent je m'y soumets. Cependant je vous prie instamment de ne lire dans mon cœur que ce qui y est véritablement écrit. N'inventez rien, et si quelque chose vous semble obscur, gardez-vous de faire votre rapport avant de m'avoir demandé des explications.

Il accéda joyeusement à ma demande et notre arrangement fut conclu.

Il commença par me raconter sa vie.

La biographie de Capotte est touchante : Il était petit-fils de la sœur de Marat et eut beaucoup à souffrir à cause de cette malencontreuse parenté. Son père et sa mère, avant lui, s'étaient efforcés d'effacer la tache héréditaire de la famille par une conduite exemplaire et une contrition sincère, mais leurs tentatives échouèrent. Les Bourbons, pas plus que Napoléon n'ont cru à leur bonne foi. En vain les Capotte dénoncèrent-ils les membres de la famille restés fidèles aux traditions de leur ancêtre, leur témoignage fut récusé comme intéressé ; quand, tous réunis, ils versaient des larmes de repentir et de douleur, on leur disait que c'étaient des larmes de crocodile.

L'avènement de Louis-Philippe ranima un instant leurs espérances et les remplit de joie ; mais Louis-Philippe, bien qu'il eût été nommé roi, non parce qu'il était un Bourbon, mais quoique Bourbon, se montra envers les descendants de Marat plus bourbonien que les Bourbons. Il ordonna de repousser toutes les suppliques venant de la famille Capotte, et de considérer tous ceux qui la composaient comme des personnes dangereuses et indignes de confiance.

Alors les Capotte se découragèrent et vécurent dans l'isolement cherchant des consolations dans la religion. En 1840, le plus jeune rejeton de la famille, Jean-Marie-François-Archibald Capotte prit une résolution héroïque.

C'était un jeune homme de vingt ans, robuste, florissant, plein d'espérance et ayant appris à fond les mystères du jeu de billard. Las de végéter tristement dans sa patrie et révolté par l'injustice de ses compatriotes, il secoua la poussière de ses pieds contre son pays et partit pour la Russie.

Là il fut accueilli à bras ouverts, comme si on l'attendait depuis longtemps avec impatience. Arrivé à Saint-Pétersbourg, Capotte avoua humblement sa parenté avec Marat, en ajoutant qu'il s'efforcerait de laver cette tache par une conduite expiatoire. Tout le monde rendit hommage à la noblesse d'une telle action et déclara qu'un homme ne doit pas être responsable des faits et actes de son grand-oncle, fût-il Marat lui-même. Ensuite lorsqu'on demanda à Capotte : — « Que savez-vous faire ? » — Il répondit : « tout ce qui vous plaira ! » On jugea que le plus sage serait de l'installer en qualité de pédagogue. Pour affermir sa situation, Capotte déclara qu'il était prêt à entrer dans le giron de la seule église véritablement orthodoxe, l'église gréco-russe.

Alors ce fut au tour des dames russes de protéger Capotte, elles se disputèrent à l'envi cet honneur. La comtesse Mamelfine, la princesse Boukiasba, la marquise de Sanglo et la générale Bedokourof se l'arrachaient comme professeur de leurs enfants. Grâce à ces puissantes protections,

Capotte fut attaché à trois ministères en même temps : au service du prince Boukiasba pour collaborer à la création de bonnes lois ; au service du marquis de Sanglo pour aider à la propagation d'une bonne instruction ; ses fonctions auprès du général Bedokourof sont difficiles à définir, mais dans l'énumération de ses devoirs se trouvaient ces deux mots : « sévérité et promptitude ». Capotte recevait dans les trois ministères des émoluments très élevés. Les élèves de Capotte raffolaient de leur maître, car celui-ci, tout en semant dans leur cœur des sentiments religieux, les initiait au jeu du billard et leur apprenait de jolies romances. Pour abréger mon récit, je dirai que le descendant de Marat eut un tel succès, que vingt-cinq ans après son arrivée en Russie il fut nommé conseiller d'État actuel. Lorsque le marquis de Sanglo vint annoncer à Capotte cette bonne nouvelle, en dépit de sa légèreté française, il en ressentit une telle émotion, qu'il en eût les larmes aux yeux. Pour son malheur il apprit en même temps que, grâce à une faveur toute spéciale, il lui serait permis de toucher du coup ses trois pensions. Capotte s'empressa de solliciter aussitôt sa retraite.

C'était une grave faute ; en donnant sa démission il s'aliéna les cœurs de ses nobles amis. Capotte ne se vit pas plus tôt à la tête d'un capital assez rond, qu'il eut la légèreté de se laisser aller à caresser des rêves d'indépendance. Il ouvrit à Saint-Pétersbourg une école de billard, comptant sur l'appui de la jeune génération. Les premiers temps ses affaires marchèrent brillamment, il avait à côté du billard un buffet et vendait les consommations à crédit. Ne faut-il pas qu'une année après, il arriva de Paris un M. Sansculotte, qui lui fit une concurrence déloyale, en chantant des couplets qui charmèrent tous les jeunes gens.

Les méchantes langues prétendaient que c'était la générale Bedokourof qui avait fait venir M. Sansculotte de Paris, pour se venger de la désertion de Capotte.

Ce fut bien autre chose quand, un mois plus tard, Sansculotte s'associa une certaine Alphonsine qui chantait des couplets en les mimant. Capotte n'avait jamais laissé pénétrer aucune Alphonsine dans son école de billard. Voyant son établissement compromis, il porta plainte contre M. Sansculotte, l'accusant d'immoralité, mais les pères et surtout les mères de ses anciens élèves lui reprochèrent hautement sa trahison, quelques-unes allèrent même jusqu'à lui jeter à la figure son origine. Les jeunes gens sans penser à lui payer leurs dettes se dispersèrent dans tout l'univers, et Capotte se vit tout à fait ruiné.

Cette fois se sentant vaincu, Capotte vendit son établissement pour une bagatelle à M. Sansculotte, son rival triomphant, puis secouant la poussière de ses pieds contre sa patrie d'adoption, il rentra dans la seule église orthodoxe, l'église catholique, apostolique et romaine, et repartit aussitôt pour Paris, où il vécut assez modestement de sa pension ; les trois ministères lui assuraient un revenu de sept mille francs. Il passait la majeure partie de son temps au café, jouait au billard et tenait à la disposition des nobles étrangers de passage un choix de gravures scandaleuses et des accessoires secrets de toilette. Encore aujourd'hui ses anciens élèves, quand ils viennent à Paris, ne l'oublient pas, et leurs visites font la consolation de Capotte et son orgueil. Quelques-uns d'entre eux se sont acquittés de leurs dettes, mais la plupart se contentent de lui soumettre leurs projets de loi. Quelquefois ces plans sont très nombreux ; alors Capotte s'éclipse pour quelques jours du café et consacre tout son temps aux affaires de l'État.

Pendant quatre jours entiers, je parcourus Paris accompagné de Capotte, et tout le temps il ne cessait de parler. Il se répétait souvent, se contredisait encore plus fréquemment, mais comme, au fond, ce qu'il disait m'était parfaitement égal, et que tout ce que je demandais, c'était de ne pas revoir la truie, je m'abstins rigoureusement de toute remarque. Au contraire, je l'encourageais de mon mieux par un hochement machinal de la tête. Une partie de ses discours a sans doute été perdue pour moi, il me suffisait d'entendre un bourdonnement à mes oreilles.

Le premier jour, nous nous sommes entretenus des plaies qui rongent la Russie. Avant le déjeuner Capotte parla en ces termes :

— Voici la plus grande de vos plaies : vous, Russes, vous n'avez pas une idée assez nette de ce que vous souhaitez. Aujourd'hui vous exprimez des sentiments véritablement humains, et demain vous professerez des sentiments absolument féroces !... Et ce n'est pas chez vous un simple mouvement de réaction, mais cela vient de votre inexpérience des choses de ce monde... Vous ne savez pas distinguer le bien du mal. Puis, pour votre malheur, vous êtes trop impressionnables, vous vous enflammez pour rien ; sans prendre le temps d'analyser, de critiquer, de juger, vous vous laissez entraîner par des idées qui ne séduisent plus personne. Enfin vous êtes versatiles, aujourd'hui, en voyant un homme qui respire à peine, vous dites avec magnanimité : « il faut sauver cet homme ! » Mais le lendemain, si vous voyez qu'il commence à respirer librement, vous criez : « il faut le tenir plus ferme ! » Il va sans dire qu'avec un caractère aussi changeant, vous ne pouvez avoir aucune confiance en l'avenir. La crainte du lendemain, voilà le ver qui ronge votre existence. Tant que vous ne ferez que trembler, on ne peut s'attendre à voir votre génie national déployer des qualités brillantes.

Ce sermon me révolta, je m'écriai :

— Vous mentez toujours quand vous êtes à jeun, mon cher Capotte ; je parie qu'après déjeuner vous tiendrez un tout autre langage.

En effet, après le repas, quand Capotte eut vidé à lui tout seul une bouteille de bourgogne, sa langue se délia de nouveau.

— Vous autres, Russes, vous êtes doués de trop de persévérance, quand vous poursuivez votre but, vous vous acharnez... Voici votre plus grande plaie: vous êtes trop logiques ! Il faut faire des concessions à la vie, et vous ne voulez entendre parler que de réformes ! Mais ne voyez-vous pas combien de progrès ont été réalisés en si peu de temps ? Quelle vigueur il faut à un organisme pour supporter de tels changements ! Et vous, vous trouvez que c'est encore peu de chose ! On vous a octroyé la liberté de la presse, et vous faites semblant de l'ignorer, et continuez toujours à vous plaindre ! Quelle espèce de liberté de la presse vous faut-il donc ? Le cheval a quatre jambes, ce qui ne l'empêche pas de broncher... et l'homme... Oh ! l'homme est un bipède qui a aussi besoin d'être tenu, oui, cher monsieur, il faut le tenir comme ça, pour qu'il ne bronche pas.

Capotte pour illustrer cet exemple fit le geste de serrer d'une main des guides imaginaires, et de l'autre de brandir un fouet également imaginaire.

Un peu avant le dîner, Capotte me dit encore :

— De même que les Romains dans l'antiquité, les Russes ne demandent que *panem et circenses*, et ils les veulent gratuitement. Mais vous ne connaissez pas d'autres *circenses* que ceux des exécutions et des verges ; quant au *panem*, le charançon se charge de le manger pour vous. Et voilà pourquoi il me semble que le prince Boukiasba avait raison de dire, qu'il faut vous faire passer ce caprice.

Mais après le dîner, lorsqu'il eut absorbé trois verres de *gorki* et deux bouteilles de vin ordinaire, Capotte s'écria :

— Pour vous parler franchement, voici trente ans que je m'efforce de distinguer les vices des Russes de leurs vertus, et que la foudre m'écrase si j'y vois clair !

Il articula ces derniers mots d'une langue empâtée et bégayante, puis se laissant tomber sur le canapé il s'endormit d'un lourd sommeil.

J'en profitai pour aller seul aux *Variétés* où je vis pour la troisième fois avec un plaisir toujours nouveau : *La Femme à Papa*.

C'est étonnant comme Judic s'est arrondie !

— Si vous saviez comme elle aime les Russes ! me dit un monsieur dans un fauteuil voisin ; imaginez-vous, qu'il y a quelques jours je suis allé la voir pour la remercier du plaisir qu'elle nous a donné lors de son passage à Saint-Pétersbourg.

— Comment, vous êtes Russe ? s'est écriée la diva. Oh ! dites à vos compatriotes, de ma part, qu'ils sont tous des *douchki* [1], tandis que les Allemands, ah ! fi... et dites-leur encore en russe qu'ils sont... ici mon voisin murmura à mon oreille quelque chose que je n'ai pas très bien distingué.

— C'est un cuirassier qui m'a appris ce mot, ajouta la diva.

Le second jour Capotte m'entretint des vertus russes.

Jusqu'à l'heure du déjeuner il parla mollement avec indolence, mais une fois à table il se ranima tout à coup.

— Nulle part, dit-il, je n'ai mangé d'aussi bon poisson qu'en Russie, et quelle variété ! *Oukha au sterlet* [2]. — Ah ! c'est quelque chose d'ineffable ! Cependant je dois avouer que lorsque j'étais gouverneur du jeune comte Mamelfine, on ne me servait pas de ce mets divin, les premiers temps. On donnait à tout le monde du sterlet et à moi, des perches. Mais lorsque la comtesse sut apprécier à leur juste valeur toutes mes qualités morales, elle me fit servir deux assiettes couvertes des meilleurs morceaux, et le vieux comte eut les perches en partage... Oh ! le dos d'esturgeon essoré et brillant comme de l'ambre ! et le saumon blanc essoré ! et le caviar !

Pendant longtemps je ne savais même pas ce que c'était, mais quand je les ai goûtés et que j'ai

1. Petite âme, expression amicale très usitée en Russe.
2. Soupe au sterlet.

compris... Oh !! Capotte fit claquer sa langue contre son palais.

Au dîner il recommença à disserter sur le même sujet :

— Les poissons ne sont pas les seules choses exquises que le génie national des Russes ait produites. N'oublions pas la vermeille *Koulebiaka*[1], et le pâté au poulet, et le cochon de lait au *kacha*[2], plat unique en son genre, et qui ne peut rivaliser qu'avec l'incomparable oie aux choux. — Faut-il s'étonner que sous l'action pédagogique d'une telle table toutes les questions de politique intérieure furent oubliées ? C'est chez la marquise de Sanglo que j'ai mangé la meilleure viande de porc, chez la générale Bedokourof le poisson le plus délicat. Quant à la princesse Boukiasba elle préparait pour moi une boisson aromatique surnommée : *lompopo*... Ah ! par exemple elle est bien barbare cette boisson... J'ai cru au premier abord que c'était une de ces atroces mystifications que les boyards se permettent facilement d'infliger aux malheureux étrangers, mais quand j'ai compris, oh !!!

Enfin, après le souper de minuit, avant de se retirer pour la nuit, Capotte me dit :

— Vous autres, Russes, vous avez encore une vertu : vous êtes stoïques dans l'adversité. Si vous

1. Pâté aux anguilles.
2. Gruau.

avez un cochon de lait à vous mettre sous la dent, vous mangez le cochon de lait ; si vous n'avez rien de mieux, vous vous contentez de pain fait d'arroche. Oui, c'est comme ça. Personne n'en voudrait... personne, je vous le jure... dans aucun pays, ha ! ha !

Il parlait difficilement, la langue embarassée ; après m'avoir regardé avec une ironie inexprimable il partit d'un éclat de rire sauvage. Hélas ! ce n'était que trop naturel, il venait d'avaler une demi-bouteille de fine champagne pour se faire dormir.

Le troisième jour Capotte me raconta la vie des hommes remarquables de la Russie.

Selon lui nos grands seigneurs se doutaient depuis longtemps que l'institution du servage n'était pas inébranlable. Ainsi un jour, au dîner, le marquis de Sanglo fit cette réflexion sagace : « Quoique le servage soit préconisé par beaucoup de mes amis, comme très favorable aux intérêts de la politique intérieure, néanmoins nous ne devons pas oublier que si la Providence a mis les serfs à notre disposition pour nous servir, ils ont cependant été créés comme nous à l'image de Dieu. » Le général Bedokouroff, qui était présent, ajouta : « C'est la vérité même, à cela près que chez les serfs la ressemblance est généralement manquée. »

Une autre fois le prince Boukiasba fit l'aveu suivant : « La pensée, qu'Ivan, mon valet, me sert parce qu'il me craint, m'afflige profondément, cependant je dois reconnaître que ses services me sont très agréables. »

Plusieurs de ces hommes remarquables ont laissé des œuvres littéraires non moins étonnantes : Ainsi le prince Ourioupinski a écrit une étude volumineuse sur ce sujet : *Du thé, du sucre et du plaisir qu'ils procurent.* Le prince Serpoukhovski répondit à ce volume par une brochure intitulée : *Et surtout du plaisir que nous donne l'eau-de-vie !* Poustomislof publia un opuscule sur cette question. *Qu'est devenu notre rouble ?* auquel le comte Tverdouta répondit par une brochure. *Qui veut trop savoir, ne fait pas de vieux os.* Enfin, le général Déterminé, publia un volume sous ce titre : *Serait-il profitable d'introduire la cavale dans la cavalerie ?* Il répondit lui-même affirmativement dans une brochure. « Oui, il y aurait du profit, car par ce moyen on obtiendrait la remonte naturelle des chevaux de la cavalerie. » Le général Pravdine réfuta ces arguments par une nouvelle brochure, dans laquelle il déclarait que « la proposition de son confrère était aussi raisonnable que celle d'un homme qui s'aviserait de demander qu'on introduisît les générales dans l'armée, pour obtenir la remonte naturelle des généraux »!

En un mot une vive polémique agitait dans mon pays toutes les questions économiques, mais c'était une polémique sérieuse, courtoise, à armes égales, où l'on voyait un prince lutter contre un prince, un comte contre un comte, un général contre un général. Naturellement, si le premier venu s'était avisé d'entrer en lice dans cette joute littéraire, son manuscrit aurait été stigmatisé sur le champ de cette sentence : Défense d'imprimer — le censeur Krasovski.

Si Capotte éprouvait de la satisfaction à m'entretenir des hauts faits d'une société d'élite, il avait encore plus de plaisir à me parler de ses anciens élèves ; sur ce thème il ne tarissait pas, bien que ses récits fussent on ne peut plus monotones. Par exemple, il aimait à me raconter que le jeune prince Boukiasba, à peine entré dans sa quatorzième année, ne manquait jamais de pousser la bille jaune dans la blouse du milieu. Un beau matin il s'était enfui de la maison paternelle pour se faire marqueur dans un café. Pour cette escapade son père lui donna la verge. Le jeune comte Mamelfine avait tant de goût pour la philosophie, qu'à l'âge de douze ans, il mettait en question l'immortalité de l'âme ; son père lui donna la verge pour chasser ses doutes. Le jeune enseigne Bedokourof, qui se préparait en vue d'entrer au ministère des finances, débuta dans la carrière en faisant des emprunts, ce qui lui valut également la verge.

— Maintenant, ajouta Capotte avec enthousiasme, cette brillante jeunesse est dans la fougue de l'âge et des espérances, et c'est un plaisir de la voir prendre son essor dans toutes les directions.

Le quatrième jour de mon association avec Capotte fut consacré aux affaires de la France. Je posais les questions, Capotte répondait.

Première question : Croyez-vous que les Bourbons ou les d'Orléans rayonneront un jour de nouveau sur le trône de leurs pères? S'ils règnent, séviront-ils contre Grévy et Clémenceau avec toute la rigueur de la loi, ou, au contraire, leur voteront-ils des remerciements pour l'ordre admirable dans lequel ceux-ci leur auront rendu la France?

Réponse de Capotte : Il y a peu de chances qu'ils rayonnent un jour. Il n'y a rien de prêt : ni les carrosses dorés, ni les chevaux blancs, ni les drapeaux fleurdelisés, ni même un palais convenable pour les recevoir. Quant au sort qu'ils réserveraient aux républicains, je sais qu'il a été proposé dans les cercles légitimistes de les envoyer dans des provinces très éloignées.

Seconde question : Mais c'est peut-être à un des Napoléons qu'il est réservé de rayonner?

Réponse de Capotte : C'est très peu probable, mais s'il se présente une bonne occasion de tendre un guet-apens, de nuit surtout, alors ils auront quelque chance de rayonner. Pour le quart d'heure, ces prétendants ont pour principal soutien les horizontales, qui ne peuvent pas oublier les délices de la vie qu'elles ont menée sous le régime de la Montijo.

Troisième question : Mais que diriez-vous si Clémenceau ou Joffrin ou peut-être Sansculotte lui-même pensaient que c'est à leur tour de rayonner ?

Réponse de Capotte : Des deux premiers je dirai qu'il me semble douteux qu'ils puissent un jour rayonner, parce qu'on ne trouvera jamais un gavroche qui consente à crier : Vive l'empereur Clémenceau ! et encore moins : Vive l'empereur Joffrin ! Il est vrai qu'il était un temps où l'on criait vive le roi d'Yvetot ! mais je crois que ces temps sont depuis longtemps passés. Quant à Jean Sansculotte, on sait comment s'y prendre avec ces gens-là. Tant qu'on a besoin d'eux on accepte leur concours, et dès qu'on peut s'en passer on les renvoie à leur métier. Oui, cher monsieur, c'est ainsi que les choses se passent !

Quatrième question complétive : Et vous, mon cher Capotte, vous êtes sûr qu'il est équitable d'agir ainsi avec Jean Sansculotte.

Réponse de Capotte : Je ne peux vous répondre que ceci : Lorsqu'on demandait au vieux prince Boukiasba : « est-il juste de donner une décoration à celui-ci et de la refuser à celui-là » ? Il répondait invariablement : « c'est un sujet sur lequel j'ai l'habitude de me taire ». Grâce à cette sage réponse, il a atteint un âge avancé en conservant la réputation d'un homme, avec lequel il ne faut pas oublier de mettre les points sur les *i*.

Le cinquième jour Capotte ne fit pas son apparition. Je courus au café auquel il était attaché en qualité de partenaire au billard, et j'appris que le matin même un jeune seigneur russe était venu le prendre et l'avait emmené, après lui avoir proposé dix francs et cinquante centimes par jour.

Pour dix sous Capotte m'avait abandonné !

Je n'avais pas de temps à perdre. Je dirigeai aussitôt mes pas vers le restaurant russe, bien certain que j'y trouverais au moins un conseiller-fouineur. A ma grande joie, j'aperçus en entrant les deux conseillers privés dont j'avais fait connaissance à la fête de Blokhine, le marchand d'œufs. Ils étaient assis à une table devant la fenêtre, occupés à compter les passants qui s'arrêtaient devant la vespasienne de l'Opéra-Comique.

Sans leur demander la permission, je commandai trois portions de ragoût et trois petits verres d'eau-de-vie, puis après avoir échangé les saluts d'usage, nous nous mîmes à table en attendant le déjeuner. Je remarquai que les deux vieillards ouvrirent plusieurs fois la bouche pour dire quelque chose et se ravisèrent. Cependant de moment en moment, l'un d'eux, à tour de rôle, se tournait vers la vespasienne, et criait :

— Cent vingt-sept !

A quoi son collègue répondait :

— Décidément, ils sont plus nombreux aujourd'hui que jamais !

Enfin on nous servit, et nous avalâmes en silence la viande et l'eau-de-vie.

Tout à coup un des vieillards cria de nouveau :
— Cent quarante-trois !

Puis se tournant vers moi, il ajouta ;
— Nous ne connaissons pas ces commodités chez nous ?

Alors l'autre conseiller se sentit plus à l'aise et à son tour m'ouvrit son cœur :

— Les Parisiens sont bien heureux à cet égard! s'écria-t-il. Aussi on voit tout de suite qu'ils usent de ces établissements avec une pleine conscience de leurs droits. Figurez-vous que depuis une heure que nous sommes ici, nous avons déjà compté cent quarante-trois personnes. Siméon Ivanitch ! Regardez, cent quarante-quatre, cent quarante-cinq !

— Et voilà le cent quarante-sixième qui y court! répliqua l'autre conseiller-privé.

Je devinai aussitôt qu'il s'agissait d'un travail de statistique. Frappés dès leur tendre enfance de l'utilité de ces établissements publics, les deux conseillers s'étaient voués depuis trois ans à l'étude comparée de cette question, parcourant dans ce but tous les pays de l'Europe. C'est à Paris qu'ils ont recueilli les renseignements les plus édifiants. Après une ou deux années d'investigations, ils retourneront à St-Pétersbourg et publieront deux gros volumes de tableaux statistiques, et je ne serais pas étonné si ce travail consciencieux les faisait nommer membres de l'Académie.

Telles étaient mes conjectures, je voulus savoir si j'avais deviné juste et je m'empressai de questionner mes deux hôtes.

— Vous faites des observations? leur demandai-je.

— Oui, nous prenons des informations, répondirent-ils tous les deux à la fois.

J'appris d'eux qu'un riche capitaliste nommé Goubochliopof, un nouveau Mécène, avait consacré un million de roubles à l'éclaircissement de la question des vespasiennes. Il avança à chaque statisticien une somme de cinq mille roubles, et, enfermant les neuf cent quatre-vingt-dix-mille roubles qui restaient, dans son bureau, il déclara aux deux conseillers-privés qu'ils toucheraient le tout quand leurs travaux seraient terminés.

— Et vous a-t-il remis la clef du tiroir? leur demandai-je.

— Oh! non, il l'a gardée dans sa poche.

— Aïe! mes amis!

Les vieillards se regardèrent avec consternation et pâlirent même. Mais ils étaient déjà trop épris de leur travail, ils lui avaient fait trop de sacrifices pour pouvoir s'arrêter en chemin. Et sans s'émouvoir plus longtemps, l'un d'eux se remit à crier:

— Nicolas Petrovitch! Votre Excellence! Cent

quarante-sept, cent quarante-huit, cent quarante-neuf !

Ils m'exposèrent en détail leur plan pour ce travail : ils avaient commencé par étudier la question sur la rive droite de la Seine. Tous les matins chacun d'eux avait son rayon à inspecter, et vers deux heures ils se donnaient rendez-vous au restaurant russe où ils faisaient ensemble leurs observations. Ensuite ils se séparaient de nouveau et le soir, très tard seulement, se communiquaient le résultat de leurs recherches.

— Et cela vous prend beaucoup de temps ?

— Passablement. Voici déjà cinq mois que nous sommes à Paris ; depuis le matin jusque tard dans la nuit nous ne nous occupons pas d'autre chose, et nous n'avons pas encore achevé la dixième partie de notre besogne.

— Et avez-vous déjà obtenu des résultats intéressants ?

— Très intéressants ! J'ai fini mes observations sur le boulevard Montmartre. Eh bien ! le croirez-vous ? Je peux vous dire, à coup sûr, à n'importe quelle heure du jour, dans quelle vespasienne il y a le plus de monde, combien de personnes s'y trouvent, et celles qui sont vides ?

— Diable !

— C'est l'exacte vérité, confirma Siméon Ivanitch, et je pense vous en dire autant pour le boulevard Bonne-Nouvelle !

16.

— Les lois de la statistique sont partout les mêmes, continua Nicolas Pétrovitch avec le plus grand sérieux ! Ainsi, c'est le matin qu'il y a le moins de monde partout, puis, à mesure que le soleil monte vers le zénith, l'affluence augmente. Enfin, la nuit, à la sortie des théâtres, cela devient une véritable fureur.

— Et remarquez bien, fit observer Siméon Ivanitch, que tous les jours, aux mêmes heures, les chiffres sont identiques ; pas la moindre variation. Telle est la puissance des lois de la statistique !

— Parfait! Mais à côté de ces observations, à quoi passez-vous votre temps? Avez-vous été au théâtre?

— Nous ne demanderions pas mieux, mais le loisir nous manque.

— Avez-vous visité le Louvre, le Luxembourg, le Salon? Avez-vous vu la Vénus de Milo? Avez-vous mangé du turbot sauce Mornay, au restaurant Foy? Vous êtes-vous promenés au jardin d'acclimatation sur des chameaux ?...

— Nous aurions bien voulu, mais le temps nous fait défaut.

— Ainsi vous ne vous occupez que de votre étude de prédilection ?

Mes interlocuteurs baissèrent la tête.

— Et que dites-vous de la République ?

Cette question resta également sans réponse.

Je contemplai ces modestes et laborieux vieillards, et je fus pris d'attendrissement.

« Voilà ce que j'appelle des hommes ! » me dis-je *in petto*. Je parie qu'ils ne savent même pas ce que c'est que l'ennui. Aussi la seule question qui les intéresse est celle que leur a posée le capitaliste Goubochliopof. Ils vivent à Paris et accomplissent la mission que la Providence leur a confiée sans se laisser détourner par quoi que ce soit. N'est-ce pas l'unique moyen de vivre heureux dans ces temps de troubles ? Ah ! si nous pouvions tous suivre leur exemple, et nous contenter de fixer un point devant nous, combien l'humanité serait plus heureuse !

— Je vous en prie, messieurs, ne pourriez-vous m'accepter comme collaborateur, je...

Je n'eus pas le temps d'achever ma phrase, Nicolas Pétrovitch s'était écrié dans un enthousiasme ineffable :

— Regardez, regardez, toute une bande ! Cent cinquante-neuf ! cent soixante ! cent soixante-et-un !... Ah !

Je m'empressai de régler l'addition, et, profitant de l'extase dans laquelle les deux conseillers-privés étaient plongés, je m'esquivai du restaurant.

J'ai passé la soirée tout seul, et la nuit j'ai revu la terrible truie.

Aussi le lendemain je suis parti en toute hâte pour St-Pétersbourg.

LA CONSCIENCE PERDUE

NOUVELLE

I

La conscience est perdue, et néanmoins les hommes vont et viennent comme auparavant. Comme auparavant ils fréquentent les théâtres, ils se suivent et se bousculent et fourmillent de plus en plus, happant adroitement leurs proies, et personne ne s'aperçoit que quelque chose a disparu tout à coup de ce monde, et que dans l'orchestre de la vie une flûte a cessé de jouer.

Il en est même plus d'un qui se sent tout à coup plus hardi, plus dégagé, qui trouve qu'il peut se mouvoir plus facilement et qu'il a plus de plaisir à donner un croc-en-jambe à son prochain. Flatter, ramper, tromper, calomnier, sont devenus chose si facile que chacun s'en donne à cœur joie.

Aussi les hommes ne savent plus ce que c'est que l'ennui, ils ne marchent plus, ils ont des ailes ! Rien n'a plus le pouvoir de les troubler, plus de tracas, plus de souci. Le présent, l'avenir appartiennent aux heureux qui ne se sont pas aperçu que la conscience a disparu d'au milieu d'eux.

C'est que la conscience a disparu, tout à coup, en un moment ; la veille encore cette ennuyeuse commère encombrait la route et frappait l'imagination troublée des hommes... Elle s'est évanouie sans laisser de traces.

Du jour où elle a disparu, plus de fantômes obsédants sur cette terre, plus de regrets, plus de remords !

Il ne reste aux hommes qu'à jouir de cette terre que Dieu leur a donnée et à s'amuser. Les sages de ce monde ont enfin compris qu'ils sont délivrés de leur dernier joug et ils se sont hâtés de récolter les fruits de leur liberté.

Les vols, les brigandages, les assassinats sont devenus une chose ordinaire, une débandade générale a commencé, en un mot les hommes sont devenus des bêtes féroces.

La pauvre conscience est restée sur le chemin, déchirée, conspuée, foulée aux pieds des passants. C'est à qui la repoussera du pied ; chacun demande comment il se fait qu'on laisse traîner sur une place animée, dans une ville civilisée un objet aussi difforme.

Dieu sait combien de temps la malheureuse persécutée serait demeurée sur le chemin, si un misérable ivrogne, pris de vin, ne l'eût ramassée, espérant l'échanger contre un litre.

Tout à coup, il sentit un courant électrique lui

passer à travers le corps, il se mit à regarder autour de lui avec ses yeux troubles, et il comprit clairement que sa tête se dégageait des vapeurs du vin, et que peu à peu il commençait à concevoir la réalité dans l'oubli de laquelle il avait perdu ses meilleures forces.

D'abord il en ressentit quelque peur, cette crainte qui jette l'homme dans l'inquiétude et qui lui donne le pressentiment du danger; ensuite la mémoire se révolta et l'imagination se mit aussi de la partie.

Ses souvenirs évoquaient de l'ombre du passé honteux le spectacle de toutes les faiblesses de son cœur, de toutes ses défaites et de sa déchéance finale.

L'imagination prêtait à toutes ses fautes une forme vivante, et c'est ainsi que le jugement s'éveilla dans le cerveau de ce malheureux.

Tout le passé sembla au misérable ivrogne un crime horrible et unique. Il n'analysait pas, ne questionnait pas, ne raisonnait pas: il était si abattu par le tableau de sa déchéance morale, que le procès qu'il se faisait à lui-même volontairement lui causait plus de tourment que n'aurait pu le faire le plus sévère des jugements.

Il ne veut même pas penser que la plus grande partie de son passé qu'il maudit maintenant ne lui appartenait pas, à lui pauvre misérable, mais à une force secrète et monstrueuse qui le tordait et le faisait tourbillonner, comme le vent tord et fait tourbillonner dans les steppes un faible brin d'herbe.

Son passé qu'était-il? Pourquoi a-t-il vécu de la sorte et non pas autrement ? Et lui-même qu'est-il? Devant ces questions qui s'imposent à lui il reste muet et inconscient. Il est né sous le joug et sous le joug il mourra. Ah ! il est vrai qu'il possède la conscience, mais à quoi peut-elle lui servir maintenant? N'est-elle pas venue pour lui poser des questions impitoyables et le troubler inutilement? N'est-elle pas venue pour que la vie engourdie monte de nouveau dans le vase brisé qu'elle fera éclater ?

Hélas ! la conscience qui s'éveille ne lui apporte ni la paix, ni l'espérance ; pour toute consolation elle lui donne le mépris de lui-même.

Auparavant tout était noir autour de lui, maintenant c'est la même obscurité, seulement peuplée par des fantômes obsédants. Ses chaînes sont restées les mêmes, mais elles sont devenues deux fois plus lourdes, parce qu'il a compris que ce sont des chaînes, et un torrent de larmes coule des yeux du pauvre ivrogne. Les passants s'arrêtent et affirment que c'est le vin qui pleure en lui.

— Non, frères, je n'en puis plus, c'est insupportable, crie le pauvre buveur. Mais la foule rit et le raille. Elle ne comprend pas que pour la première fois, le malheureux n'est plus sous l'influence du vin ; elle ne comprend pas qu'il a fait une malheureuse trouvaille, qui déchire son cœur en mille morceaux. Si cette foule elle-même s'était heurtée à cette découverte, elle aurait compris qu'il existe dans le monde un tourment, le plus grand de tous les tourments, celui de trouver sur un chemin la conscience. Elle aurait compris que dans cet ivrogne c'est la conscience qui pleure et se lamente.

— Non, il faut m'en délivrer, sinon je périrai comme un chien, pense le pauvre buveur, et il veut jeter sa trouvaille sur le chemin, mais en ce moment il est arrêté par un agent de police qui passe.

— Tiens, tu t'occupes à lancer des libelles, lui dit-il, en le menaçant du doigt. Pour de telles choses nous menons au poste.

L'ivrogne cache vite la conscience dans sa poche et s'éloigne avec elle. Épiant de tous côtés et se glissant comme un voleur, il s'approche d'un cabaret, dans lequel sa vieille connaissance Prokhoritch débite de l'eau-de-vie.

Ayant regardé par la fenêtre pour s'assurer qu'il n'y a personne dans le cabaret et que Prokhoritch sommeille sur son comptoir, il ouvre promptement la porte, s'élance dans l'auberge et, avant que Prokhoritch ait eu le temps de s'en rendre compte, l'horrible trouvaille est déjà entre ses mains.

II

Prokhoritch demeura quelque temps les yeux hagards, puis son visage se couvrit de sueur. Tout d'un coup il lui sembla qu'il débitait sans patente, mais, revenant à lui, il se convainquit que toutes ses patentes, les bleues, les vertes, les jaunes, toutes étaient au mur. Il regarda le chiffon que l'ivrogne avait mis dans ses mains ; il lui sembla qu'il l'avait déjà vu.

Eh ! eh ! pensa-t-il, diable, mais c'est le même chiffon dont j'ai eu tant de peine à me délivrer, lorsque j'ai acheté la patente ? Oui, oui, c'est le même.

N'ayant plus de doute, il comprit tout de suite que maintenant il allait être ruiné. Lorsqu'une pareille tuile tombe sur la tête d'un commerçant, les affaires ne vont plus, se disait-il presque machinalement. Tout d'un coup il pâlit et trempla. Un individu horrible, un inconnu le regardait au blanc des yeux.

— Ah ! il est très criminel de faire boire le peuple, lui soufflait la conscience réveillée.

Ma femme Arina, s'écria le marchand fou de terreur !

Arina accourut, et à peine eut-elle regardé la trouvaille de son mari, qu'elle se mit à crier d'une voix perçante : au voleur ! au voleur !

— Pourquoi dois-je, grâce à ce vaurien, à ce misérable ivrogne qui m'a fourré ce chiffon, pourquoi dois-je perdre tout mon bien, dit Prokhoritch, et de grosses gouttes de sueur perlaient toujours sur son front. Cependant le cabaret, peu à peu, commençait à s'emplir de monde, mais Prokhoritch, au lieu d'engager ses clients, comme d'habitude, à consommer sa marchandise, refusa non seulement de leur verser à boire, à la grande stupéfaction de tous, mais s'efforça de leur persuader que le vin est la source de tous les maux qui accablent le pauvre ouvrier.

— Si tu ne buvais qu'un petit verre, cela pourrait aller, ce serait même utile, disait-il les larmes aux yeux, mais tu as toujours le désir d'en engloutir tout un broc ; à quoi cela te servira-t-il, on te traînera au poste, tu coucheras au violon, tu y seras tourmenté. Eh bien, sot que tu es, tout cela vaut-il la peine que tu viennes me porter l'argent que tu as gagné à la sueur de ton front ?

— Mais, Prokhoritch, tu es devenu fou, lui disaient les pratiques étonnées.

— Oh ! il y a bien de quoi le devenir et qui ne le serait à ma place ? répondit Prokhoritch, regardez donc la belle patente que je me suis procurée aujourd'hui. Et il montra la conscience que lui avait jetée l'ivrogne et l'offrit à ses clients. Mais non seulement personne n'en voulut mais tous reculèrent avec effroi.

— Une jolie patente, n'est-ce pas ? poursuivait Prokhoritch, toujours furieux.

— Et que vas-tu faire maintenant ? lui demandaient les clients.

— Il ne me reste à présent qu'une seule chose à faire : mourir parce que je ne peux plus tromper, je ne peux plus accoutumer le peuple à l'ivrognerie, donner au peuple le goût de l'ivrognerie. Il ne me reste donc qu'une seule chose à faire : mourir.

— Tu as raison, dirent-ils en riant et en se moquant de lui.

— J'ai même l'intention, continua Prokhoritch, de briser tout de suite ces verres et ces bouteilles et de jeter l'eau-de-vie dans le ruisseau, car lorsqu'on est propriétaire de ce vertueux talisman, l'odeur de l'eau-de-vie vous donne des nausées.

— Nous verrons bien ! riposta la femme. L'influence de la conscience ne s'étendait pas à ce qu'il paraît, jusqu'à la cabaretière. Elle se moquait de son mari !

— Le calendrier compte un joli saint de plus ! disait-elle.

Mais il était très difficile de calmer Prokhoritch. Il pleurait à chaudes larmes et répétait toujours.

— Si ce malheur arrive à quelqu'un, il lui faut boire le calice jusqu'à la lie ; il doit oublier qu'il est commerçant, car cela ne le mènerait à rien. Il doit comprendre qu'il est un malheureux et pas autre chose. Tout le jour se passa dans ces réflexions philosophiques et bien qu'Arina eût empêché son mari de briser les verres et de jeter le vin, ils ne vendirent pas une goutte de liquide de toute la journée.

Le soir, Prokhoritch s'égaya même un peu, en se mettant au lit, il dit à sa femme qui pleurait :
— Eh bien ! ma chère femme, nous n'avons rien gagné aujourd'hui, mais que l'homme se sent heureux quand il possède la conscience ! Et vraiment il s'endormit tout de suite sans se retourner dans son lit, sans ronfler, comme il le faisait de coutume après une bonne journée du temps où il ne possédait pas la conscience.

Cependant, sa femme Arina n'était pas du même avis ; elle comprenait très bien que la conscience était une malencontreuse acquisition qui ne ferait pas marcher les affaires du cabaret, et elle pris la résolution de se délivrer de cette hôtesse importune. La nuit lui parut bien longue, dès que les premières lueurs du jour filtrèrent à travers les vitres couvertes de poussière, elle déroba la conscience, que son mari gardait près de lui, et s'élança dans la rue avec son fardeau.

C'était un jour de foire. Les paysans dans leurs chars arrivaient des villages voisins. Le commissaire de police Attrape allait aussi au marché pour y établir l'ordre. A peine Arina a-t-elle aperçu le sieur Attrape qu'une heureuse idée lui vient. Elle court à perdre haleine après lui et en l'atteignant, elle fourre avec une habileté étonnante la conscience dans la poche de son pardessus.

III

M. Attrape n'était pas un individu tout à fait éhonté, mais il n'aimait pas à se gêner et faisait d'ordinaire sa rafle librement. Son extérieur n'était pas complètement celui d'un effronté, mais il avait l'air d'un homme fixant constamment quelque chose. Ses mains n'étaient pas absolument crochues, mais volontairement il s'agrippait à tout ce qu'il trouvait sur son chemin. En un mot, M. Attrape était un vrai maltôtier.

Et voilà que tout à coup cet homme se sent pris de scrupules. Il arrive au marché et pour la première fois de sa vie il ne considère pas toute la marchandise étalée sur les chariots, les estrades et dans les boutiques comme lui appartenant, mais comme le bien d'autrui. Jamais pareille chose ne lui était arrivée. Il se frotte les yeux sans vergogne, et se dit : Suis-je devenu fou, est-ce que je rêve ?

Il s'approche d'un char, veut y poser sa patte, mais sa main ne se lève pas. Il s'approche d'un paysan pour lui tirer la barbe, mais hélas ! ses mains ne lui obéissent plus. Il est saisi de terreur, qu'est-ce qui m'est arrivé aujourd'hui, pense Attrape. De cette manière je vais tout gâter. Est-ce qu'il ne vaut pas mieux retourner chez moi pour y trouver un peu de bon sens ? Il espérait toujours en même temps que cela passerait. Il commença à se promener au marché. Sur les étalages, la volaille, les différentes étoffes semblaient lui dire : « Nous sommes bien près de toi, mais tu ne nous mordras pas. » Les paysans, voyant que cet homme était devenu aussi stupide, commencèrent à se moquer de M. Attrape et l'appelèrent : un niais.

— Décidément, je suis malade, conclut Attrape et il retourna chez lui les mains vides. Mme Attrape le guettait déjà, rêvant aux aubaines que son mari devait lui apporter.

Mais quel étonnement ! Rien.

Le voyant les mains vides, elle l'apostropha avec colère :

— Où sont les sacoches, te demande-t-on ?

— Devant ma conscience, je t'assure, répéta de nouveau Attrape...

— Eh bien, tu dîneras aujourd'hui de ta conscience, je n'ai pas de dîner pour toi.

Attrape devint triste, car il savait que sa femme était ferme dans ses résolutions. Il ôta son pardessus et tout d'un coup il devint un autre homme puisque la conscience était restée dans le pardessus accroché au mur. Attrape se sentait libre, et de nouveau il lui parut alors que dans ce monde rien n'appartenait à autrui, mais que tout était à lui. Et il se trouvait de nouveau la capacité d'accaparer et d'engloutir tout ce qui touchait sous sa main.

— Ah! maintenant, je vous pincerai, dit Attrape en se frottant les mains et il commença à remettre son pardessus pour filer à toutes voiles au marché.

Mais quel miracle! A peine eut-il passé son pardessus que les anciens tourments le reprirent. Il y avait deux hommes en lui : l'un sans pardessus, éhonté, rapace et concussionnaire ; l'autre en pardessus, timide, généreux et consciencieux.

Il n'avait pas encore passé la porte cochère qu'il sentit revenir sa timidité, mais il n'abandonna pas son projet de se rendre au marché. Il espérait toujours dompter ce mal incompréhensible ; mais, plus il se rapprochait du marché, plus son cœur battait, puis il se sentait plein d'amour pour ces pauvres hommes qui restaient toute la journée dans la boue et sur la pluie pour gagner quelques kopecks. Il ne convoitait plus les sacs des autres, se propre bourse lui devenait lourde comme s'il avait su de source certaine qu'elle contenait non son argent, mais celui d'autrui.

— Voilà, mon ami, quinze kopecks, dit-il en s'approchant d'un paysan et en lui donnant la monnaie.

— Et pourquoi cet argent, imbécile ? apostropha celui-ci.

— Pour mes vieux péchés, mon ami. Pardonne-moi pour l'amour de Dieu.

— Eh bien, que Dieu te pardonne.

Il traversa ainsi tout le marché et donna tout ce qu'il avait sur lui.

— Ensuite, le cœur soulagé, il tomba dans de profondes réflexions.

— Oui, je suis très malade, se dit-il enfin, je vais retourner chez moi, et en passant j'amènerai le plus possible de pauvres et je leur donnerai à manger. Il se mit en route. Les pauvres ne manquaient pas, il les mena tous dans la cour de sa maison. Mme Attrape, ne doutant pas qu'il ne fût devenu fou, le laissa faire s'attendant à d'autres excentricités. Il s'approcha d'elle et lui dit d'une voix caressante.

— Voici, ma chère amie, les pauvres gens que tu m'as demandé de t'amener. Donne-leur à manger pour l'amour de Dieu.

Mais à peine eut-il mis son pardessus au clou qu'il recouvra sa liberté. Il regarda par la fenêtre et s'aperçut avec étonnement que presque tous les pauvres de la ville s'étaient rassemblés dans la cour.

Il les considère et ne comprend rien à leur présence.

— Pourquoi sont-ils ici ; faut-il les fustiger tous ?

17.

Que fait là cette canaille? s'écria-t-il en courant furieux dans la cour.

— Comment, canaille, ce sont ces pauvres hommes que tu m'as dit de nourrir, répondit Mme Attrape.

— Chasse-les, balaie-les, cria-t-il d'une voix de tonnerre.

Et comme un fou, il rentra dans sa maison. Il arpenta longtemps sa chambre, s'efforçant de comprendre ce qui lui était advenu. Lui qui était toujours un homme exact, et pour son service, un vrai lion, le voici devenu une chiffe.

— Oh! ma femme chérie, garrotte-moi, pour l'amour de Dieu, je sens qu'aujourd'hui je causerais des malheurs dont nous ne nous tirerions pas de toute l'année.

Mme Attrappe comprit qu'il était arrivé quelque chose de surprenant à son mari. Elle le déshabilla, le mit au lit, et lui donna une boisson chaude. Un quart d'heure après, en passant dans l'antichambre, elle se dit :

— Il faut regarder son pardessus, peut-être trouverai-je dans les poches quelques kopecks. Elle fouilla une poche et en retira la bourse tout à fait vide. Elle fouilla l'autre et en ôta une guenille malpropre. Elle l'étendit et resta saisie d'étonnement.

— En voilà un farceur, dit-elle, se mettre une conscience dans la poche ! Elle se mit à chercher à qui elle pourrait passer cet objet incommode. Elle aurait voulu trouver une personne qui n'en fût pas trop annihilée et qui n'en éprouvât que quelques inquiétudes. Après un moment de réflexion, elle décida qu'elle ne pourrait faire mieux que de la donner au juif Samuel Brgotski, financier et directeur des chemins de fer. Celui-ci a les reins solides, pensa-t-elle, il se tourmentera un peu, mais il en sortira. Elle mit la conscience sous enveloppe, écrivit l'adresse et la mit à la poste.

Eh bien, mon ami, maintenant tu peux courageusement retourner au marché, dit-elle à son mari après cette expédition.

IV

Samuel Brgotski dînait entouré de toute sa famille : près de lui se trouvait son fils Rubens, âgé de dix ans. Il ruminait dans sa petite tête des opérations financières.

— Écoute, papa, si je place ce demi-louis d'or dont tu m'as fait cadeau à 20 pour 100 par mois, combien aurai-je d'argent à la fin de l'année, demanda-t-il ?

— A quel intérêt ? Simple ou composé, interrogea à son tour le père.

— Assurément composé, papa.

— Alors, si c'est l'intérêt composé, tu auras quarante-cinq roubles et 79 kopecks, sans les fractions.

— En ce cas, je le placerai.

— Place-le, mon ami, mais il faut toujours prendre une garantie sérieuse.

De l'autre côté du père se trouvait Joseph, un enfant de sept ans, qui s'occupait de la solution d'un problème. Il volait une bande d'oies; l'une s'en tira, combien restèrent sur la place. A l'autre bout de la table était assise la belle Lia, épouse de Samuel, qui tenait dans ses bras sa petite fille Rifa, laquelle semblait être attirée par les bracelets d'or qui ornaient les poignets de sa mère. Enfin Samuel était heureux. Il se préparait déjà à son repas succulent, lorsqu'un laquais lui apporta une lettre sur un plateau d'argent. A peine Samuel eut-il l'enveloppe entre les mains qu'il bondit comme un poisson sur le gril.

— Mais qu'est-ce donc? et pourquoi m'a-t-on envoyé cet objet? cria-t-il en tremblant de tout son corps.

— Quoique aucune des personnes présentes n'eût rien compris à ce cri, tout le monde sentait pourtant que le dîner allait être interrompu.

Il serait difficile de décrire les tourments que supporta Samuel pendant toute cette journée. Pourtant cet homme faible et maladif subit héroïquement les tortures les plus fortes, mais ne rendit pas un sou.

— Non, tiens-moi bien fort, Lia, disait-il en implorant sa femme dans les moments de crise.

Et si je te demande la clef de la caisse, ne me la donne pas, laisse-moi plutôt mourir.

Mais, comme aujourd'hui il n'y a aucune situation dont on ne puisse sortir, Samuel parvint à se tirer de celle-ci. Il se rappela que depuis longtemps il avait promis de faire un don à une institution philantophrique qui était sous la protection d'un prince, mais les affaires ne lui en avaient pas laissé le temps. L'occasion lui parut bonne. Il décacheta l'enveloppe, en retira avec des pincettes le cadeau, le mit dans une autre enveloppe avec un billet de cent roubles, la cacheta, et se rendit chez le prince.

— Je viens, mon prince, faire un don, dit-il en mettant le paquet devant lui sur la table.

— Je vous reconnais bien là, je savais que vous, comme israélite, selon la loi de David..., il dansait, il chantait, n'est-ce pas?

Le prince perdit le fil de son discours; il n'était pas sûr si c'était David ou un autre qui avait fait les lois.

— Vous ne vous trompez pas, mon prince; mais quels israélites sommes-nous? dit Samuel déjà soulagé. Nous ne sommes des juifs que par l'extérieur, mais notre âme est tout à fait russe.

— Merci! répondit le prince; mais comme vrai chrétien, je regrette que vous, par exemple... Hein?

— Votre Altesse, nous ne le sommes qu'extérieurement. Croyez-moi, pas autrement qu'à l'extérieur,

— Pourtant...

— Votre Altesse...

— Eh bien, que Dieu vous pardonne.

Samuel courut chez lui comme s'il avait des ailes. Le soir même, oubliant tout à fait les tourments qu'il avait subis, il inventa une fameuse opération financière qui, le lendemain, transporta d'admiration toute la Bourse.

V

Ainsi se traîna longtemps en ce monde la pauvre abandonnée, passant chez des milliers de personnes, mais pas une ne voulut la garder. Au contraire, chacun pensa à la façon de s'en délivrer et d'en gratifier son voisin.

Enfin cette vie errante la dégoûta elle-même. Elle dit en pleurant à son dernier maître, un petit marchand qui, dans une misérable galerie, vendait des fatras et ne pouvait rien en retirer.

— Pourquoi me tyrannisez-vous, pourquoi me jetez-vous comme une guenille ?

— Que ferais-je de vous, dame Conscience, puisque vous ne servez à rien.

— Voilà ce que tu dois faire, répondit la conscience, trouve-moi un petit enfant russe, ouvre devant moi son cœur pur et cache-moi dedans. Peut-être cet enfant innocent me gardera, me dorlotera, et lorsqu'il deviendra homme, il n'aura pas honte de moi.

Le petit marchand fit ce qui était demandé. Il trouva un petit enfant russe, lui ouvrit le cœur et y cacha la conscience. Et l'enfant grandit et avec lui grandit la conscience, et l'enfant deviendra un homme et il aura une conscience humaine, et alors toutes les injustices, tous les abus, toutes les iniquités disparaîtront, parce que la conscience ne sera plus timide et qu'elle dirigera tout.

FIN

TABLE DES MATIÈRES

Pages

Quelques mots sur le culte de sa petite personne, en guise de préface... 1

LIVRE PREMIER
EN ALLEMAGNE

Chapitre Ier. — Premières impressions................. 15
Chapitre II. — Ma profession de foi telle que je l'ai exposée devant les conseillers-fouineurs................. 25
Chapitre III. — Un songe............................. 35
Chapitre IV. — Berlin................................ 61
Chapitre V. — Où la vie est-elle la plus amusante..... 76
Chapitre VI. — Les villes d'eaux..................... 80
Chapitre VII. — Les « idées subversives » en Suisse..... 107

LIVRE DEUXIÈME
EN FRANCE

Chapitre Ier. — Souvenirs rétrospectifs................ 117
Chapitre II. — Paris................................. 127
Chapitre III. — Entrevue fantastique avec M. L....... 138
Chapitre IV. — A la Chambre......................... 149
Chapitre V. — Les odeurs de Paris et les odeurs de Moscou... 162
Chapitre VI. — La question sociale................... 176
Chapitre VII. — Le roman réaliste.................... 193
Chapitre VIII. — Les Russes à Paris.................. 212
Chapitre IX. — Le général Capotte.................... 244

La Conscience perdue 285

Châteauroux — Typ. et Stéréotyp. A. MAJESTÉ

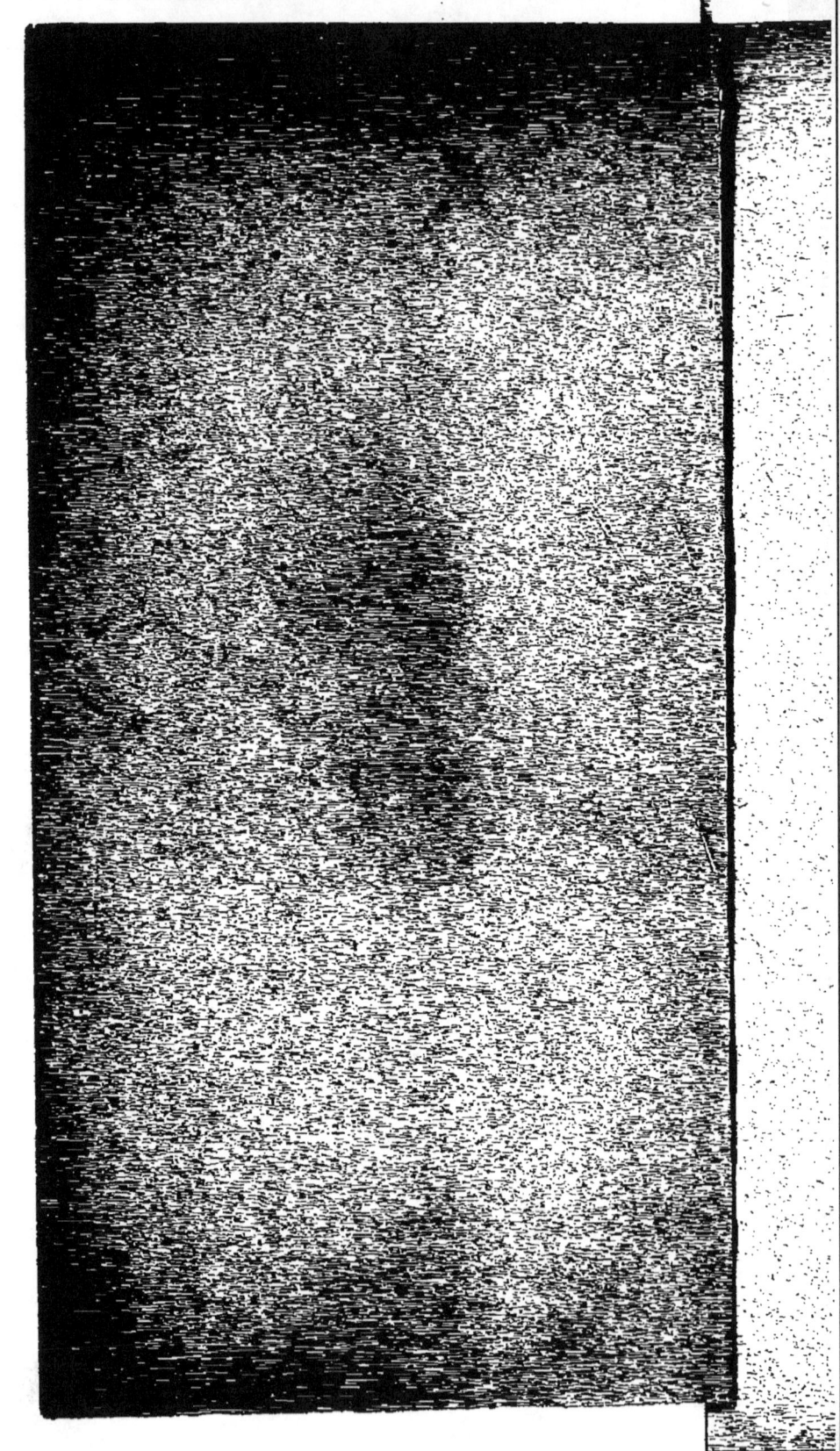

Librairie Louis WESTHAUSSER,

40, RUE DES SAINTS-PÈRES, PARIS

J. GRAND-CARTERET. *Les Mœurs et la Caricature en Allemagne, en Autriche, en Suisse*, avec préface de CHAMPFLEURY. Un volume grand in-4, illustré de plus de 325 planches dans le texte et hors texte, en noir et en couleur, 2ᵉ édition. Prix : broché, **25 fr.** Élégante reliure toile, tr. dorée.. 30 fr.

Il a été fait deux tirages de grand luxe, savoir :

Édition sur véritable papier de Hollande, avec triple suite des planches hors texte. Prix.. **66 fr.**

Édition sur grand papier des manufactures impériales du Japon avec triple suite des planches hors texte. Prix............... **120 fr.**

J. GRAND-CARTERET. *Raphaël et Gambrinus ou l'Art dans la Brasserie*, Études sur la décoration des brasseries, caves et cabarets en France et en Allemagne. Couverture en couleur par Pille, frontispice de Marcellin Desboutin. Compositions de Jeanniot, Pille, Bastin, Félix Régamey, Mars, Jules Adeline, Aug. Viollier.
Encadrements, en-têtes, culs-de-lampe, vignettes et planches hors texte par Coll-Toc et Fernand Fau.
Un beau volume in-16 grand jésus, illustré de plus de 150 planches dans le texte et hors texte, dont plusieurs en couleur............ **5 fr. 50**

Il a été tiré 25 exemplaires sur papier du Japon à............. **40 fr.**

J. GRAND-CARTERET. *La Femme en Allemagne*, Étude sur toutes les classes sociales de la femme allemande.
Un volume grand in-8, richement illustré. Illustrations françaises de Mars, Jeanniot, Viollier. Illustrations allemandes de Kirger, E. von Schachinger, F. A. von Kaulbach, Hugo von Habermann, Lossow.
(Deux eaux-fortes exécutées par M. Henri Lefort, d'après les originaux à la mine de plomb de Lossow).
Reproduction d'après Defregger, Pigheim, Schliessmann, Elie Sachs, Oberlaender, Bechstein, Wehle, etc.

J.-I. KRASZEWSKI. *SANS CŒUR*. Roman traduit du polonais par L. Mickiewicz, avec préface de Louis Ulbach.
Un fort volume in-18....................................... **3 fr. 50**

R. TOURSKY-STRLBINGER et SACHER-MASOCH. *NOUVELLES SLAVES*, avec une préface de V. CHERBULIEZ de l'Académie française.
Un volume in-18, 4ᵉ édition, avec couverture illustrée....... **3 fr. 50**

ROWEL. *Lettres de l'Enfer*, seule édition autorisée, traduites du danois par G. Ducros.
Un fort volume in-18, avec couverture illust................. **3 fr. 50**

Châteauroux. — Typ. et Stéréotyp. A. MAJESTÉ.

www.ingramcontent.com/pod-product-compliance
Lightning Source LLC
Chambersburg PA
CBHW071332150426
43191CB00007B/710